Was Kinder
schlau und
glücklich
macht!

Prof. Dr. Michaela Axt-Gadermann
Prof. Dr. Peter Axt

Was Kinder schlau und glücklich macht!

Lernen erleichtern
und Schulleistungen
optimal fördern

- Ernährung
- Bewegung
- Spielen
- Schlafen

HERBiG

Besuchen Sie uns im Internet unter:
www.herbig-verlag.de

© 2010 by F. A. Herbig Verlagsbuchhandlung GmbH, München
Alle Rechte vorbehalten
Einbandgestaltung: Wolfgang Heinzel,
unter Verwendung eines Fotos von plainpicture, London
Layout: Wolfgang Heinzel
Lektorat und Bildredaktion: Gabriele Berding
Herstellung und Satz: VerlagsService
Dr. Helmut Neuberger & Karl Schaumann GmbH, Heimstetten
Gesetzt aus der 9,75/13,75 Punkt Thesis Mix
Druck und Binden: Print Consult, München
Printed in the EU
ISBN 978-3-7766-2641-4

Inhalt

Vorwort

Liebe Eltern,

was ist Ihnen wichtig für Ihre Kinder? Sicher möchten Sie, dass Ihr Nachwuchs glücklich und zufrieden aufwächst, viele Freunde hat und eine unbeschwerte Kindheit verleben kann. Doch spätestens mit der Einschulung beginnen für viele Familien anstrengende Jahre, die Kindern und Eltern Kraft und Zeit kosten. Schule und Hausaufgaben werden dann häufig zu einem Streitthema. Zahlreiche Nachmittage sind mit Unterricht, Nachhilfe oder Lernen verplant. Schon Grundschulkinder können oft nur noch über wenige Stunden Freizeit während der Woche verfügen. Dabei darf nicht vergessen werden, dass es noch mehr gibt als gute Noten und Schulerfolg. Kinder wollen – und sollten sich auch – mit Freunden treffen, toben und spielen. Heute weiß man, dass spielen, sich bewegen und Sport treiben kein sinnlo-

ser Zeitvertreib sind, sondern für die geistige und körperliche Entwicklung ebenso wichtig wie Vokabeln lernen und Mathematik pauken. Das Fantastische daran: Die richtigen Freizeitaktivitäten können sogar die Schulnoten positiv beeinflussen. Wir möchten Ihnen in diesem Buch erklären, wie sich der Lebensstil Ihrer Kinder auf die geistige Leistungsfähigkeit, die Konzentration und den Schulerfolg auswirkt, wie sich Ernährung, Bewegung, Spaß und Spiel, Musik und Schlaf im Zeugnis niederschlagen können.
Eltern und Lehrer können den Kindern auf verschiedenste Weise helfen, in der Schule besser mitzukommen. Am besten, sie setzen dort an, wo sie am wirkungsvollsten Einfluss nehmen können, nämlich zu Hause bzw. in der Schule. Der Lebensstil der Familie und das häusliche Umfeld können eine ganze Menge zum Gelingen der Schulzeit beitragen. In der Schule hilft ein gutes

Lernklima, den Wissensdurst und den Spaß am Lernen zu wecken und aufrechtzuerhalten. Wichtig ist es, im Umfeld der Kinder gute Bedingungen für erfolgreiches Lernen zu schaffen.

Bereits kleine Veränderungen in diesen Bereichen können das Lernen erleichtern und dazu beitragen, kostbare Zeit statt mit »Büffeln« mit Dingen zu verbringen, die Spaß machen.

Den Zeitbedarf für diese »Lebensstilmaßnahmen« können Sie individuell bestimmen. Wir zeigen Ihnen Möglichkeiten auf, die keinerlei zusätzliche Zeit benötigen, Maßnahmen, die ein paar Minuten täglich verlangen und Aktivitäten, für die Sie etwas mehr Raum einplanen müssen. Wählen Sie aus der Vielzahl der Möglichkeiten die aus, die Sie am einfachsten in den Familienalltag einbauen können und die Ihren Kindern und Ihnen am meisten Freude bringen. In diesem Buch erfahren Sie nicht, welcher Förderkurs zu welchem Entwicklungszeitpunkt am wichtigsten ist, wie Ihre Kinder noch länger beim Lernen am Nachmittag durchhalten oder welche Form der Nachhilfe am besten ist; es geht vielmehr um schnelleres und erfolgreicheres Lernen durch kleine Änderungen des Lebensstils, die oft ohne zusätzlichen Aufwand in den Alltag eingebaut werden können. Nicht Einser in allen Fächern sollten das Ziel sein, sondern mit wenig Aufwand mehr lernen und behalten können. Oft sind es ganz einfache Dinge, die Eltern und Kinder ganz nebenbei tun können, mit denen sich aber spürbare Effekte erzielen lassen.

In diesem Buch erfahren Sie unter anderem,

- wie Sie erfolgreich loben und motivieren,
- warum Kinder, die balancieren können, auch besser rechnen,
- welches Frühstück den Schulerfolg fördert,
- weshalb Kinder, die zu Fuß zur Schule gehen, besser lernen,
- warum Fisch klüger macht,
- welche Musik die Intelligenz beeinflusst,
- wie man den Schlaf nutzen kann, um sich Lernstoff einzuprägen,
- welche Mikronährstoffe das Lernen unterstützen und
- was Kaugummi kauen mit Konzentration zu tun hat.

Sie als Eltern möchten vor allem, dass Ihre Kinder zufrieden und glücklich sind.

Wir stellen Ihnen in diesem Buch immer wieder aktuelle wissenschaftliche Erkenntnisse zum Lebensstil und dessen Verbindung zu Schulerfolg, geistiger Leistungsfähigkeit und Intelligenz vor.

Außerdem machen wir Vorschläge, wie sich diese Informationen zu Hause, in der Freizeit oder in der Schule umsetzen lassen. Doch Ihrer Fantasie sind bei der Umsetzung keine Grenzen gesetzt.

Was uns am Herzen liegt

- Lesen Sie zunächst in aller Ruhe das Buch. Überprüfen Sie dann, welche Empfehlungen Sie bereits selber zusammen mit Ihren Kindern umsetzen. Sie werden überrascht sein, wie viel Sie – vielleicht ohne es zu wissen – schon zum Lernerfolg Ihrer Kinder beitragen.

- Schauen Sie, in welchen Bereichen sich der Lebensstil Ihrer Kinder und am besten der ganzen Familie noch verbessern lässt. Suchen Sie sich zuerst die Dinge aus, die Ihnen allen Spaß machen und die Sie ohne großen Zeitaufwand umsetzen können. Wichtig ist, dass diese »Maßnahmen« nicht als solche wahrgenommen werden, sondern als eine Freude und Bereicherung für den Familienalltag.

- Kommen Sie bitte nicht auf die Idee, innerhalb kürzester Zeit Ihr Leben und das Leben Ihrer Kinder völlig umzukrempeln. Das würde wohl in den meisten Fällen die ganze Familie überfordern. Überstürzen Sie nichts, gehen Sie in kleinen Schritten vorwärts. Die Empfehlungen dieses Ratgebers sollen Sie nicht Punkt für Punkt abarbeiten. Er soll Ihnen eher als Orientierung dienen, was alles möglich ist, um den Lernerfolg zu beeinflussen.

- Wichtig – und häufig der größte Mangel im Leben unserer schulpflichtigen Kinder – ist Freizeit, die sie so verbringen können wie sie möchten. Nutzen Sie die Empfehlungen in diesem Buch, um die freie Zeit Ihrer Kinder zu mehren, nicht, um noch mehr Zeit zu blockieren.

- Überlegen Sie, was Sie mit Ihren Kindern zusammen unternehmen können, denn gemeinsame Erlebnisse mit der Familie fördern Kinder mehr als alle Spezialkurse.

Suchen Sie sich zum Beispiel eine Sportart aus, die allen gefällt oder musizieren Sie zusammen.

- Haben Sie Geduld! Auch wenn sich der Erfolg bei einigen Empfehlungen schon nach wenigen Tagen einstellen kann, machen sich andere Änderungen des Lebensstils meist erst nach Wochen oder gar Monaten durch eine Verbesserung des Lernerfolgs bemerkbar.

- Niemand erwartet perfekte Eltern oder perfekte Kinder. Nehmen Sie unsere Tipps als kleine Anregungen für die Schule und den Familienalltag. Vielleicht können Sie auch zusammen mit Eltern und Lehrern an der Schule Ihres Kindes einige der Empfehlungen in den Schulalltag integrieren.

- Spenden Sie Trost, wenn Ihr Kind trotzdem einmal mit einer nicht so guten Arbeit nach Hause kommt. Eine schlechte Note ist für Kinder oft schon Strafe genug.

- Seien Sie sich Ihrer Vorbildfunktion bewusst. Es ist Kindern schwer zu vermitteln, warum sie Müsli zum Frühstück essen sollen, während die Eltern Weißbrot verzehren oder weshalb sie zum Turnen gehen sollen, obwohl die Eltern selbst die kleinsten Strecken mit dem Auto zurücklegen.

- Bleiben Sie gelassen. Das Glück und die Zufriedenheit Ihrer Kinder sollten an erster Stelle stehen. Wir sind sicher, dass kleine Veränderungen des Lebensstils allen Kindern – im Rahmen der jeweiligen individuellen Möglichkeiten – das Lernen erleichtern und so einen Einfluss auf die Noten haben.

Wir wünschen Ihnen viel Spaß und Erfolg beim Umsetzen der vielfältigen Anregungen!

1

Wie das Umfeld die geistige Entwicklung prägt

»Erzähle mir und ich vergesse.
Zeige mir und ich erinnere.
Lass es mich tun und ich verstehe.«

Konfuzius, chinesischer Philosoph, 551–479 v. Chr.

Was Menschen von einem Mäuseexperiment lernen können

Amerikanische Wissenschaftler vom Salk-Institut für Biologische Studien in La Jolla/Kalifornien haben herausgefunden, dass junge Mäuse ihr Gehirn am besten trainieren, wenn sie in einer anregenden Umgebung leben. Ein Teil der Tiere war in einem Standardkäfig untergebracht, der außer Wasser und Futter keine Abwechslung bot. Die anderen Mäuse durften sich in einem »Abenteuer-Käfig« aufhalten, der unterschiedlichstes Spielzeug, Tunnel und Laufräder enthielt. Zudem fanden die Mäuse auch ausgewogenes Futter vor. Schon nach einer Woche hatten die Nager, die in dem abwechslungsreichen Käfig leben durften, dreimal so viele Nervenzellen entwickelt. Vor allem im Hippocampus, der Gehirnregion, die fürs Lernen und Gedächtnis

wichtig ist, sprossen die Zellen enorm. Doch was haben Mäuse mit dem Schulerfolg von Kindern zu tun? Eine ganze Menge! Denn bei nahezu allen Säugetieren – und dazu gehört auch der Mensch – konnte nachgewiesen werden, dass eine kurzweilige und anregende Umgebung, ausreichende Bewegungs- und Spielmöglichkeiten sowie eine gute Ernährung klug und zufrieden machen. Und das unabhängig von zusätzlichen Lernaufgaben. Abwechslung, Spiel und Spaß trainieren das Gehirn und lassen nicht nur Mäuse, sondern auch Kinder klug und glücklich werden. Jeder Zoobesuch, jedes neue Spiel, das ausprobiert wird, jedes Knetmännchen, das von den Kindern fabriziert wird, hinterlassen Spuren in ihrem Gehirn, die sie nach und nach ein bisschen schlauer machen und ihnen ermöglichen, die Welt besser zu verstehen. Obwohl diese Zusammenhänge bekannt sind, sieht die

Realität meistens anders aus: Wenn Schüler nicht die von Lehrern oder Eltern erwarteten Leistungen zeigen, sind normalerweise zusätzliche Nachhilfestunden, mehr Hausaufgaben oder Förderunterricht die reflexartigen Reaktionen auf die Probleme. Nicht immer bringen diese Maßnahmen jedoch den gewünschten Erfolg.

Kluge Kinder in der Hallertau

Die bayerische Grundschule Volkenschwand hat nicht auf zusätzliches Lernen gesetzt, sondern ist da einen völlig anderen Weg gegangen. Sie hat wirkungsvolle Veränderungen im Lebensumfeld der Kinder vorgenommen und damit erstaunliche Ergebnisse erzielt: »In einem Dreivierteljahr wurde so der durchschnittliche Intelligenzquotient der Kinder von 95 auf 105 Punkte gesteigert«, erklärt der Schulleiter Hans Dasch. Welches Geheimnis steckt hinter diesem deutlichen Leistungszuwachs? Mit Zauberei hat das wenig zu tun, auch nicht mit Pauken und Nachhilfe. Unter Anleitung des engagierten Schulleiters sowie des Intelligenzforschers Dr. Siegfried Lehrl

zogen bei diesem Projekt Eltern, Schulleiter, Lehrer und Kinder an einem Strang. So wird inzwischen darauf geachtet, dass die Kinder zu Hause regelmäßig frühstücken. Dazu kommt ein zweites gemeinsames »Starter-Frühstück« mit den Lehrern, um das Gehirn während des Schultags konstant mit Energie zu versorgen. Großen Wert legen Lehrer und Eltern darauf, dass die Kinder genug trinken. Im Klassenraum stehen jetzt auf jedem Tisch Becher und Flaschen mit frischem Wasser bereit. Im 45-Minuten-Takt werden alle Schüler angehalten, zuckerfreie Getränke, vor allem Wasser zu sich zu nehmen. Ein Aquarium in der ersten und zweiten Klasse soll für eine ruhige Lernatmosphäre sorgen. Da ein aktives, »bewegliches« Gehirn aber auch körperliche Aktivitäten benötigt, wird großen Wert auf Bewegung während und nach dem Unterricht gelegt. In den Klassenräumen sitzen die Kinder auf »Wackelstühlen«, sogenannten »Swoppern«. Diese modernen »Stühle« ermöglichen es, dass man auch beim Sitzen in Bewegung bleiben kann. Außerdem führen die Kinder ein mentales Aktivierungstraining durch. Das sind einfache Übungen zum Gehirntraining, die sich leicht in den Tagesablauf einplanen lassen und die das Gehirn vor dem Lernen »aufwärmen« sollen. »Wichtig ist uns auch, dass die Kinder in einem angstfreien und behüteten Umfeld aufwachsen«, betont der Schulleiter. Das Tolle an diesem Projekt: Die Kinder lernen nicht nur besser und schneller, viele haben durch dieses Programm auch die Freude am Lernen und an der Schule zurückgewonnen. Ein wichtiger Punkt in Anbetracht der knappen Freizeit der Kinder ist die Tatsache, dass das mentale Aktivierungstraining und das Bewegungsprogramm in den normalen Unterricht integriert werden und somit keine zusätzliche Zeit benötigt wird. »Das Lernen beschleunigt sich, die Kinder begreifen schneller, behalten besser und werden flotter im Denken«, erzählte Dasch begeistert in einem persönlichen Gespräch.

Intelligent und lernfähig – also gut vernetzt!

Bereits im Kindes- und Jugendalter werden die Grundsteine für einen langfristigen Lernerfolg gelegt. Nicht nur im Alltags- und Berufsleben sind »Netzwerke« wichtig. Auch die grauen Zellen sind besonders leistungsfähig, wenn die rund 100 Milliarden Nervenzellen untereinander gut vernetzt sind. Interessanterweise hat bereits ein Säugling genauso viele Nervenzellen (Neuronen) wie ein Erwachsener, aber dennoch kann er fast noch nichts. Denn nicht alleine die Anzahl der Nervenzellen ist entscheidend für Intelligenz und Lernfähigkeit, sondern der Austausch der Zellen untereinander. Die Zusammenarbeit der Zellen findet über sogenannte Synapsen statt. Als Synapse bezeichnet man die Kontaktstelle zwischen zwei Nervenzellen. Jede Nervenzelle kann über schätzungsweise 4000 bis 10 000 Verbindungen mit anderen Neuronen kommunizieren. Je dichter dieses Netzwerk ausgebildet ist, desto leichter können wir lernen, abstrahieren, neue Schlüsse ziehen und uns konzentrieren.

Für eine gute Schulleistung ist ein gesunder Pausensnack und genügend zu trinken wichtig.

Wie das Umfeld die geistige Entwicklung prägt

Gehirnentwicklung im Säuglings- und Kleinkindalter

Die 100 Milliarden Nervenzellen des Säuglings verfügen noch über wenige Kontaktstellen. Die Fortsätze der Nervenzellen sind wie lose Kabel, die aus einem Sicherungskasten heraushängen. Erst wenn die einzelnen »Kabel« miteinander verbunden sind, kann auch »Strom fließen« und Informationen können ausgetauscht werden. Als »Ingenieure«, die diese Nervenleitungen verbinden, kann man abwechslungsreiche Umwelteinflüsse bezeichnen. In den ersten drei Lebensjahren nimmt die Zahl der Nervenkreuzungen (Synapsen) dadurch enorm zu. Alle Eindrücke und Erlebnisse beeinflussen so die Entwicklung des Gehirns. Bereits mit zwei Jahren hat ein Kleinkind, das in einem anregenden Umfeld aufwächst, so viele »Denkverbindungen« wie ein Erwachsener, mit drei Jahren sogar doppelt so viele (24). Diese Synapsen sind die Bausteine des Gedächtnisses und Voraussetzung für Lernen und Behalten.

Gehirnentwicklung bei Schulkindern und Jugendlichen

Bis zur Pubertät werden dann die Nervenkreuzungen wieder auf die Anzahl eines Erwachsenen reduziert. Wie viele und welche dieser Synapsen erhalten bleiben, entscheidet der Lebensstil, die Art und Qualität der Reize, denen Kinder bzw. Jugendliche ausgesetzt sind. Für unsere Lebenswelt scheinbar unwichtige, d. h. unbenutzte Synapsen werden wieder abgebaut, »Denkwege«, die häufig eingesetzt werden, gestärkt.

Der Weg vom wenig vernetzten Gehirn des Säuglings zum hochvernetzten Gehirn des Schülers oder Erwachsenen mit 100 Billionen Schaltstellen führt über eine Vielzahl von Umwelteinflüssen und Eindrücken: Je mehr neue und unterschiedliche Erlebnisse und Erfahrungen das Gehirn verarbeiten muss, umso zahlreichere und stärkere Nervenkontakte werden geknüpft (24). Wie und wofür Kinder ihr Gehirn »nutzen«, entscheidet darüber, welche Verschaltungen zwischen den Nervenzellen sich

Vom Babyalter bis zur Pubertät profitieren Kinder von einer abwechslungsreichen Umgebung und vielfältigen neuen Eindrücken.

besonders gut entwickeln und welche nur unzureichend gebahnt und ausgeformt werden (5). Vom Babyalter bis zur Pubertät profitieren Kinder von einer abwechslungsreichen und spannenden Umgebung. Besonders gut bleiben Dinge im Gedächtnis, die von Kindern aktiv erfahren und nicht nur passiv im Unterricht vermittelt werden. Ein ganz starker Reiz für die Bildung und Verschaltung der Nervenzellen ist jede Art von Bewegung. Auch Musik fördert die Vernetzung, wobei Musik hören deutlich weniger bewirkt als selber musizieren. Daneben ist die Ernährung für das kindliche und jugendliche Gehirn immens wichtig und kann entscheidend zum schulischen Erfolg beitragen. Obwohl das Gewicht des Gehirns nur zwei Prozent des Körpergewichts ausmacht, verbraucht es doch 20 Prozent des Sauerstoffs und 20 Prozent der Energie, die wir aufnehmen. Eine ausreichende Zufuhr an Energie in Form von Kohlenhydraten unterstützt die Konzentrationsfähigkeit. Cholesterin ist für das Heranreifen der Nervenzellen und deren Vernetzung unerlässlich. Eine cholesterinarme Ernährung ist für kleine Kinder deshalb nicht geeignet. Schließlich lassen sich auch durch richtiges Trinken die geistige Leistungsfähigkeit und der schulische Erfolg um bis zu zehn Prozent steigern.

Wichtig für die Entwicklung ist aber auch das emotionale Umfeld des Kindes. In einer liebevollen Umgebung blühen Kinder körperlich und geistig auf, denn auch Zuwendung und Verständnis prägen die Struktur des Gehirns.

Lernen fällt in den ersten zehn bis zwölf Lebensjahren leicht. In diesem Alter werden vor allem die Nervenkreuzungen, die häufig benutzt werden, erhalten und ausgebaut, die wenig genutzen Synapsen werden eliminiert. Mit den Jahren fällt es dem Gehirn schwerer, sich neuen Erfordernissen anzupassen. Obwohl sich unsere Nervennetze auch im hohen Alter noch entwickeln und verändern können, wird es später im Leben immer anstrengender, neue Dinge zu erlernen. Die Nervenbahnen, in denen Erwachsene denken, sind bereits in der Kindheit in groben Strukturen angelegt worden. Diese Strukturen bestimmen während des gesamten späteren Lebens, welche Lerninhalte uns leichtfallen und was wir uns eher mühsam aneignen müssen (106, 5).

2

Das richtige Lernklima schaffen

>*»Mach dir nichts daraus, dass deine Kinder dir nie zuhören.*
>*Sei dir klar, dass sie dich ständig beobachten.«*

Robert Lee Fulghum, amerikanischer Buchautor, * 1937

Gute Rahmenbedingungen für schlaue Kinder

Kinder, die in einem schützenden, sicheren Umfeld aufwachsen, in dem sie sich ausprobieren, aber auch Fehler machen können, haben beste Voraussetzungen für eine gesunde Entwicklung.

»Schlechte Erfahrungen sind da wie Narben«, meint die Hirnforscherin Eliot. Für die Entwicklung unseres Gefühlslebens sind die ersten Jahre entscheidend. Untersuchungen konnten zeigen, dass die Gehirne vernachlässigter Kinder Impulse und Eindrücke schwächer und langsamer verarbeiten und zudem deutlich kleiner sind als die Gehirne gut versorgter und geliebter Kinder (24). Aus der Hirnforschung weiß man, dass eine sichere emotionale Bindung die wesentliche Grundlage für eine optimale Hirnentwicklung darstellt (5).

Die Geschichte »Güte macht fröhliche Leute« erklärt in einfachen Worten die Grundprinzipien einer erfolgreichen, liebevollen Erziehung. Kinder lernen noch nicht für den Beruf oder den Lehrer, zumindest nicht in den ersten Schuljahren. Sie wollen mit ihren Leistungen in erster Linie von den Eltern anerkannt werden. Deshalb ist es ganz wichtig, dass die Familie Anteil an den Bemühungen des Kindes nimmt und seine Leistungen als einen Beitrag für die ganze Familie wertet. Eine wichtige Voraussetzung für den Schulerfolg ist deshalb das Lob der Eltern. Denn nur Kinder, die gelobt werden, sind glücklich und zufrieden und können sich optimal entwickeln. Ernst gemeintes Lob für Schulleistungen tut gut, beflügelt die Sinne, nimmt den Kindern die Angst vorm Lernen und macht Mut für noch bessere Leistungen.

Auch Verhaltensforscher bestätigen immer wieder, dass Anerkennung und

Güte macht fröhliche Leute

Es waren einmal zwei Jungen. Sie wohnten in der gleichen Straße, waren beide sechs Jahre alt und kamen nun zur Schule. Eugen war groß und Emil war klein. Als Eugen aus dem Hause ging, sprach seine Mutter zu ihm: »Pass auf deinen Schulranzen auf! Die Oma hat ihn dir geschenkt. Er darf keine Flecken kriegen, sonst ist die Omi traurig!« Eugen ging ganz vorsichtig und gebeugt; er wurde einen Zentimeter kleiner. Emils Mutter sagte: »Wie hübsch du aussiehst mit dem alten Schulranzen! Weißt du, mit dem ging schon dein großer Bruder zur Schule; man sieht es an den vielen Flecken, darauf kannst du stolz sein!« Da streckte sich Emil und ging frohgemut zur Schule. Er war einen Zentimeter gewachsen. Als sie heimkamen, machten sie die ersten Schulaufgaben, eine Seite mit lauter Strichen, die gerade sein sollten.

Eugens Mutter sprach: »Das sieht aber schlecht aus; alle Striche sind gerade, nur einer steht ganz schräg und krumm!« Sie zerriss die Heftseiten und Eugen musste alles noch einmal machen. Da wurde er wieder einen Zenti-

meter kleiner. Emils Mutter fand eine Seite voller krummer Kraxelstriche. Sie lachte und sagte: »Guck mal, da steht einer schon ganz gerade. Wenn die andern auch noch so werden, hast du eine gute Arbeit gemacht. Dein Lehrer wird sich freuen!« Da wuchs Emil wieder um einen Zentimeter. Anderntags mussten sie ein Lied singen. Zu Hause hörte Eugens Vater zu und sprach: »Da ist ja immer an derselben Stelle derselbe Fehler! Du verdirbst das ganze Lied. Wie kann man nur so unmusikalisch sein!« Eugen wurde wieder einen Zentimeter kleiner und krächzte nur noch.

Emils Vater hörte auch zu. Er lachte: »Da schwirren ja die Töne nur so herum, aber manche sitzen schon ganz richtig am richtigen Platz. Warte nur, bald sitzen alle richtig. Das gibt eine Musik!« Emils Augen leuchteten und er wuchs wieder einen Zentimeter. So ging es alle Tage. Vater und Mutter wachten über ihren Sohn Eugen, dass er ja keinen Fehler machte, und die Großeltern und Tante Emma und die Nachbarsfrau Maier halfen mit. So kannte Eugen bald alle seine

Fehler. Emil wuchs und steckte voller Hoffnungen. Er sprühte vor Lebenslust und sein Eifer steckte auch andere an, die solchen Mut gut gebrauchen konnten. Er wurde erwachsen und groß und viele Leute freuten sich, wenn sie ihn sahen.

Eugen aber begann dahinzusiechen, seine Stirn voller Runzeln, seine Augen trüb und sein Geist voll Urteilen über andere. Denn da seine Klugheit nur aus Wissen um seine Fehler bestand, fand er solche auch bei anderen Menschen. Wenn er doch noch einmal leben könnte! Aber da war fast keine Hoffnung. Es sei denn, er würde einmal Emil begegnen. Dessen Lebensfreude hatte etwas Überschüssiges an sich. Sie mochte auch für zwei reichen.

Gottfried Roller

Belohnung zukünftig zu noch besseren Ergebnissen führen. Allerdings müssen die gewählten »Verstärker« angemessen sein. Allgemeine Worthülsen (»Du bist gut«), überschwängliches Lob bei Selbstverständlichkeiten oder unangemessene materielle Belohnungen, die in keinem angemessenen Verhältnis zur erbrachten Leistung stehen, verfehlen oft ihre Wirkung oder schlagen sogar ins Gegenteil um.

Gleiches gilt, wenn materielle Belohnungen bei jeder Kleinigkeit vergeben werden.

Angemessen und sinnvoll ist Lob, das die Bemühungen des Kindes und die von ihm erbrachten Ergebnisse in den Mittelpunkt stellt: »Bei dieser Arbeit hast du dich aber besonders angestrengt. Darüber freue ich mich sehr.« Besonders stark wirkt Anerkennung, wenn die Mutter dem Vater (oder umgekehrt) im Beisein des Kindes von der guten Leistung berichtet.

Oft sind nichtmaterielle Belohnungen wie ein Ausflug, ein Spieleabend oder ein gemeinsamer Schwimmbadbesuch für das Kind wertvoller als große Geldgeschenke.

Wer Spaß am Unterricht hat, lernt besser.

Was aber sollen Eltern tun, deren Kind schlechte Schulnoten mit nach Hause bringt? Sie haben eigentlich nur drei Möglichkeiten zu reagieren:

a) Sie beachten die Arbeit nicht und hoffen im Stillen, dass die nächste Arbeit besser wird. Diese Reaktion kann vom Kind missverstanden werden. Es meint vielleicht, den Eltern wäre sein Schicksal egal, fühlt sich alleine gelassen und hilflos, verliert das Vertrauen in die eigene Leistungsfähigkeit, lernt weniger und bringt in der Folgezeit weitere schlechte Arbeiten mit nach Hause.

b) Die Eltern dramatisieren das Geschehene, machen dem Kind Vorwürfe. Schieben die Schuld auf seine Faulheit und entziehen ihm als Strafe Vergünstigungen. Die häufigsten Strafen dieser Art sind Fernsehverbot, Ausgehverbot, Taschengeldkürzung. Aber auch zusätzliche Lerneinheiten werden als Strafe oft eingesetzt. Als Folge dieses Elternverhaltens wird sich die Angst vor Prüfungen und Klassenarbeiten verstärken, die Lernmotivation wird weiter abnehmen und im schlimmsten Fall wird das Kind zukünftig den Eltern ganz einfach schlechte Noten verschweigen. Das Vertrauen zwischen Eltern und Kind ist beschädigt.

c) Die Eltern schauen sich die schlechte Arbeit noch einmal zusammen mit dem Kind an. Achten zunächst auf den Teil der Arbeit, der gut gelungen ist. Heben diesen Teil lobend hervor – »Das ist dir ja schon ganz gut gelungen!« – und schauen sich erst dann die Fehler an. Gemeinsam mit dem Kind versuchen sie herauszufinden, wie es zu diesen falschen Ergebnissen gekommen ist. Wenn das Kind die Fehler selbst erkennt, ist die Chance einer zukünftigen Fehlervermeidung groß.

Die Eltern sollten das Kind trösten und ihm Möglichkeiten aufzeigen, wie es zukünftig zu besseren Noten kommt. Denn Trost ist eine ganz wichtige emotionale Zuwendung der Eltern. Er zeigt den Kindern, dass sie in schwierigen Situationen nicht alleine sind und macht sie stark für die nächsten Aufgaben.

Mama und Papa – Vorbild Nummer eins

»Sie brauchen Kinder nicht zu erziehen, sie machen einem sowieso alles nach« – soll Karl Valentin einmal gesagt haben. Tatsächlich eignen sich Kinder durch das Beobachten und Nachahmen von Vorbildern Wissen und Verhaltensweisen an. Neben Schauspielern, Rockstars und Sportlern stehen die Eltern laut aktueller Jugendstudie noch immer auf dem ersten bzw. zweiten Platz in der Hitliste der Vorbilder (121). Ihr Verhalten dient den Kindern als Modell für ihr eigenes Handeln. Eltern, die gerne Bücher lesen, wecken bei Kindern die Bereitschaft zum Lesen. Fernsehverbote für Kinder nutzen wenig, wenn Vater und Mutter fast ihre gesamte Freizeit vor dem Fernseher verbringen. Interessieren sich Eltern für Sprachen, Geschichte, Politik, Sport, Kunst oder Musik, kann man bei den Kindern fast immer ein ähnliches Interesse feststellen. Das gilt auch für den Lebensstil: Wenn sich die Eltern gerne bewegen, weckt das auch bei den Kinder Interesse am Sport. Ist den Eltern eine abwechslungsreiche Ernährung wichtig, sind auch die Sprösslinge irgendwann bereit, mal etwas anderes als Pommes und Bratwurst zu probieren.

Auch andere Verhaltensweisen, die sie in ihrer Umgebung sehen, imitieren Kinder. Das wird immer wieder deutlich, wenn Eltern mit ihren kleinen Kindern in ein anderes Bundesland ziehen und ihre Kinder dort einen Kindergarten besuchen. Nach kurzer Zeit schon sprechen die Kinder den Dialekt der neuen Region.

Glück macht erfolgreich – Erfolg macht glücklich

Der amerikanische Psychologe und Glücksforscher Csikszentmihalyi konnte in seinen Untersuchungen feststellen, dass Menschen dann zu immer höheren Leistungen angeregt werden und sich glücklich und zufrieden fühlen, wenn die zu lösenden Aufgaben weder Angst noch Langeweile erzeugen. Er nennt den dabei erlebten Zustand »Flow«. Anders ausgedrückt: Beim Lernen dürfen die gestellten Aufgaben die Schüler weder unter- noch überfordern. Zu hohe Anforderungen erzeugen Versagensängste und führen zur Leistungsverweigerung. Lernen unter Angst und Stress führt auch bei Kindern zur Ausschüttung des Stresshormons Cortisol, das die Gehirnentwicklung beeinträchtigen kann. Ein liebevolles und anregendes Umfeld hingegen macht die Kinder widerstandsfähig und unterstützt das Lernen. Aber auch zu geringe Anforderungen lassen den Leistungswillen verkümmern (16, 106). Die Kunst der erfolgreichen Lernstoffvermittlung und Motivation zum Lernen liegt nun darin, den Schwierigkeitsgrad der Aufgaben so zu wählen, dass möglichst viele Schüler sich in diesem »Flow-Bereich« befinden. Darüber hinaus wäre es ideal, wenn leistungsschwächere Schüler durch zeitweilige zusätzliche Lernhilfen des Lehrers auf ein Flow-Niveau angehoben werden könnten.

Erstgeborene sind klug, jüngere Geschwister sind clever

1874 veröffentlichte Sir Francis Galton, ein Vetter von Charles Darwin, sein Buch »English Men of Science – their Nature and Nurture«. Darin beschreibt der britische Naturforscher, der sich intensiv mit der Vererbung von Intelligenz beschäftigte, dass bedeutende gesellschaftliche Positionen, häufiger als dass es zufällig sein könnte, von Erstgeborenen besetzt wurden (27). Mehr als 100 Jahre später bestätigen die meisten Untersuchungen diese Entdeckung: Wer ältere Ge-

Wenn ältere Geschwister die jüngeren unterstützen, profitieren beide davon.

schwister hat, bringt in einem Intelligenztest etwas schlechtere Ergebnisse als Einzelkinder oder Erstgeborene (58). Wahrscheinlich spielt die ungeteilte Aufmerksamkeit, die Eltern den Erstgeborenen noch entgegenbringen können, eine Rolle. Ältere Kinder bekommen von ihren Eltern oft mehr Unterstützung, aber sie sind gleichzeitig höheren Anforderungen und einem größeren Druck ausgesetzt (58, 24). Die älteren Geschwister profitieren auch durch die Beaufsichtigung der jüngeren: Sie übernehmen häufig automatisch die Rolle von »Ersatz-Eltern«, müssen dadurch schon früh eine gewisse Verantwortung tragen und trainieren Disziplin und Zuverlässigkeit. Zudem versuchen die großen Geschwister oft die Kleinen zu »unterrichten«, was eine effiziente Verstärkung des eigenen Wissens bedeutet. »Das Unterrichten jüngerer Kinder scheint dem Unterrichtenden mehr zu nützen als den Unterrichteten« (105). Jüngere Geschwister geraten durch ihre Stellung in der Familie aber nicht automatisch in die »IQ-Falle«: Auch wenn ältere durchschnittlich einen etwas (!) höheren Intelligenzquotienten haben, so sind die »kleineren« Ge-

schwister doch auf andere Weise clever. Sie verfügen über Eigenschaften, die ihnen im späteren Leben helfen. Während Erstgeborene oft leistungsorientierter, verantwortungsbereiter und disziplinierter, gleichzeitig aber unsicherer und anlehnungsbedürftiger sind, nehmen jüngere Geschwister das Leben oft leichter. Ältere Geschwister fördern nämlich nachweislich die soziale Intelligenz der Jüngeren. Diese sind deshalb oft geselliger, lebenslustiger, unabhängiger, extrovertierter und selbstständiger (24). Um das Leben zu meistern, sind diese Eigenschaften oft mindestens genauso wichtig wie zwei Punkte mehr auf der IQ-Skala. Von keiner Stellung in der Familie lässt sich deshalb generell sagen, dass sie die bessere sei!

Wie lassen sich diese Erkenntnisse im Alltag nutzen? Egal ob große oder kleine Geschwister, Einzelkinder oder Drillinge – für alle Kinder ist es wichtig, regelmäßig Kontakt zu anderen Kindern zu haben, und zwar möglichst mit Kindern aus ganz unterschiedlichen Altersstufen. Als Eltern ist man ja häufig versucht, die eigenen Kinder lieber und möglichst ausschließlich mit gleichaltrigen oder älteren Kindern zusammenzubringen, damit der Nachwuchs von diesen etwas lernt oder sich intellektuell möglichst mit Gleichaltrigen messen kann. Die aktuellen Studien legen aber nahe, dass auch der Kontakt mit kleineren oder schulisch schwächeren Kindern beide Seiten voranbringt – nicht nur bezogen auf die Intelligenz, sondern auch im Hinblick auf die soziale Kompetenz, den sogenannten »emotionalen Intelligenzquotienten«.

So machen Eltern Kinder stark!

- Heute schon gelobt? Ein ehrlich gemeintes Lob beflügelt und macht nicht nur Kinder, sondern auch Erwachsene glücklich.

- Täglich kleine gemeinsame Momente schaffen. Kinder wünschen sich von ihren Eltern Zeit – doch die ist in den meisten Familien rar, Beruf, Familie, Hobbys und Haushalt wollen unter einen Hut gebracht werden. Versuchen Sie täglich mindestens eine gemeinsame Mahlzeit einzunehmen, planen Sie feste Vorlesezeiten (für die jüngeren) und gemeinsame Spieleabende oder Kinobesuche mit den älteren Kindern ein.

- Interesse zeigen. Fragen Sie gezielt nach den Lieblingsstars, den Freunden oder den Hobbys der Kinder. Auch wenn diese nicht immer bereit zu einer ausführlichen Antwort sind, fühlen sie sich dennoch wahrgenommen. Erlauben Sie, dass Ihr Kind seine Freunde mit nach Hause bringt.

- Verlässlich sein. Ihr Kind muss sich auf Ihr Wort verlassen können und sich bei Problemen Ihrer Hilfe und Unterstützung sicher sein.

- Offen für Kritik sein. Kritisieren Sie Ihr Kind, wenn es nötig sein sollte, nicht vor anderen Personen und nicht unsachlich. Stellen Sie sich selber auch der Kritik Ihrer Kinder, wenn diese berechtigt ist und nehmen Sie diese ernst.

3

Sport bringt Bewegung ins Gehirn

»Sport ist Voraussetzung für geistige Beweglichkeit. Wenn du wissen willst, wie fit dein Gehirn ist, dann fühle deine Beinmuskulatur.«

Johannes Holler, Hirnforscher und Buchautor

Sport ist nicht nur für die körperliche, sondern auch für die geistige Entwicklung der Kinder unerlässlich. Gleich zu Beginn dieses Kapitels geben wir einen Überblick über die zahlreichen (positiven) Wirkungen regelmäßiger Bewegung.

Das bringt Sport für den Schulerfolg

- Bewegung verbessert die Durchblutung des Gehirns, steigert die Versorgung mit Nährstoffen und Sauerstoff, regt die Produktion von Nervenbotenstoffen und Nervenwachstumsfaktoren an.

- Körperliche Aktivitäten unterstützen das Denken, Lernen und Behalten.

- Bewegung fördert den allgemeinen Lernprozess und erleichtert das Lernen.

- Bewegungspausen verkürzen die Zeit, die ein Kind benötigt, um sich den Stoff zu merken.

- Ein gutes Koordinationsvermögen hat direkten Einfluss auf die Noten in Deutsch und Mathematik.

- Kinder, die sich täglich bewegen dürfen, schneiden bei Intelligenztests deutlich besser ab.

- Toben fördert die Sprachentwicklung.

- Kinder und Jugendliche, die außerschulisch Sport treiben, erzielen häufiger höhere Bildungsabschlüsse.

Wer wenig sitzt, wird versetzt

Eine Grundschule in Bad Homburg wagte in den Jahren 1993 bis 1997 einen mutigen Versuch: Sie erhöhte in den ersten vier Klassen die Sportstunden von den vorgeschriebenen drei Stunden wöchentlich auf fünf Stunden. Dafür wurden andere Fächer (zum Beispiel Deutsch oder Sachkunde) trotz des anfänglichen Widerstandes der Eltern und einiger Lehrer gestrichen. Eine Kontrollschule unterrichtete nach dem üblichen Stundenschema mit drei Wochenstunden Sport. Am Ende der Grundschulzeit waren die Schüler mit den zusätzlichen Sportstunden nicht nur körperlich deutlich fitter und motorisch leistungsfähiger als die Kinder an der Kontrollschule, auch ihr Arbeits- und Sozialverhalten wurde von Lehrern und Eltern durchweg als besser beschrieben. Der anfangs befürchtete Leistungsabfall in den Hauptfächern aufgrund der Umverteilung der Stunden zugunsten des Sportunterrichts blieb aus. Ganz im Gegenteil: »Die Schülerzahl derjenigen Kinder (ist) gestiegen, die wir ohne Weiteres für den Übergang auf ein Gymnasium oder eine Realschule befürworten konnten«,

erklärt der Rektor der innovativen Schule Klaus Bethge (7). Zu einem ähnlichen Ergebnis kam man in einer kanadischen Schule. Auch hier wurde der wöchentliche Sportunterricht von 40 Minuten auf fünf Stunden angehoben. Gleichzeitig reduzierte man die Stundenzahl in Haupt- und Nebenfächern. Am Ende des Schuljahres erzielten die Kinder in allen Fächern – auch den stundenreduzierten – bessere oder zumindest gleichbleibende Leistungen (100).

Bewegtes Lernen – eine Rarität

Sicher können Sie sich vorstellen, was normalerweise passiert, wenn in einer Schule Woche für Woche eine Stunde Deutsch oder Mathematik ausfällt. Spätestens nach einem Monat würden die Eltern auf die Barrikaden gehen und sich beim Rektor oder dem Schulamt beschweren. Passiert das Gleiche im Fach Sport, lässt es Eltern wie Kinder meist unberührt. Das Fach Sport führt in unseren Schulen oft ein kümmerliches Dasein. Lehrer streichen zugunsten anderer Stunden am ehesten die Sportstunde und Eltern sind recht

schnell bereit, ihre Kinder vom Sportunterricht zu befreien. Entfallen Stunden in den Hauptfächern, ist der
Protest groß. Gestrichene Sportstunden dagegen werden von den Eltern
mit großer Gelassenheit zur Kenntnis
genommen. Dabei fällt an deutschen
Schulen bereits jede vierte Sportstunde
aus. Tatsächlich finden im Durchschnitt
nur 2,2 der vorgesehenen drei wö-
chentlichen Sportstunden statt (19).
Aber auch nach der Schule stehen
sportliche Aktivitäten nur selten auf
der Tagesordnung. Das Forum Trinkwasser e. V. hat eine Studie zum Lebensstil und Freizeitverhalten der
Kinder in Auftrag gegeben, die zu er-
schreckenden Ergebnissen kommt. Nur
vier Prozent der befragten Eltern gaben
an, dass ihre Kinder täglich nach der
Schule zum Beispiel Fahrrad fahren,
Fußball spielen, Skateboard fahren, In-
lineskaten oder einer anderen bewe-
gungsaktiven Beschäftigung nachge-
hen. 15 Prozent aller Kinder verbringen
hingegen ihre Freizeit völlig inaktiv
und fast ein Drittel (32 Prozent) treibt
nur dann Sport, wenn er in der Schule
auf dem Stundenplan steht (35). Deutsche Kinderärzte beobachten, dass zunehmend mehr Kinder motorische

> **Empfehlung**
>
> Sprechen Sie doch einmal mit den
> Lehrern oder dem Schulleiter, ob
> es Möglichkeiten gibt, für mehr
> Bewegung in den Pausen oder im
> Unterricht zu sorgen.

Schwächen haben. Am häufigsten stellen die Ärzte Koordinationsstörungen
fest (86 Prozent), dicht gefolgt von De-
fiziten in der Ausdauer (20). Unseren
Kindern fehlt zunehmend eine natürliche Bewegungsumwelt. Denn Sport ist
nicht nur für die körperliche Entwicklung und die Gesundheit der Kinder
unerlässlich, sondern macht Kinder
auch schlauer. Bewegung unterstützt
das Denken, Lernen und Behalten.
Körperliche Aktivität ist ein Entwick-
lungsbeschleuniger, der den allgemeinen Lernprozess fördert und so auch
für bessere Noten sorgen kann. Kinder, die sich zu wenig bewegen, bleiben deshalb nicht nur körperlich,
sondern auch geistig unter ihren
Möglichkeiten. Natürlich ersetzt Sport

*Wichtig: Für Bewegung innerhalb der
Schulstunden oder in den Pausen sorgen*

nicht das Lernen von Vokabeln oder Chemieformeln. Aber Kinder, die regelmäßig aktiv sind, können eindeutig leichter lernen. Durch eingeschobene Bewegungspausen verkürzt sich die Zeit, die ein Kind benötigt, um sich den Stoff zu merken.

Aristoteles: Bewegung beim Denken

Wahrscheinlich hat schon der griechische Philosoph Aristoteles (384–322 v. Chr.) gewusst, dass Bewegung das Denken positiv beeinflusst. Er unterrichtete seine Schüler nämlich während er mit ihnen in der Wandelhalle seiner Schule umherging. Wegen dieser Besonderheit wurden seine Anhänger Peripatetiker genannt. Das Wort entstammt der griechischen Sprache und kann mit »Umhergeher« übersetzt werden. Mehr als 2000 Jahre lang hielt man seine Methode für eine schrullige Besonderheit. Nachdem aber der Sportwissenschaftler Wildor Hollmann Zusammenhänge zwischen geistiger Leistungsfähigkeit und Bewegung nachweisen konnte, weiß man, dass Aristoteles seiner Zeit bei der Vermittlung von Wissen weit voraus war: Hollmann ließ einer Gruppe Studenten völlig sinnfreie Silben wie »mi, fro, tra« zurufen. Sie sollten sich die Silben merken und später wiederholen. Wie man sich denken kann, blieb von diesem Silbenunsinn fast nichts hängen. Die Studenten hatten das Meiste schnell wieder vergessen. Danach wiederholte Hollmann den Test mit einer anderen Studentengruppe. Dieser wurden die gleichen sinnlosen Silben zugerufen. Einziger Unterschied: Die Probanden saßen auf Hometrainern und traten beim Lernen eifrig in die Pedale. Bei diesem zweiten Versuch war der Lernerfolg deutlich besser. Die Studienteilnehmer konnten sich viel mehr Silben merken. Hollmann schloss daraus, dass das Gehirn den Lernstoff bei gleichzeitiger Bewegung effektiver und dauerhafter abspeichern kann (42). Die Begründung dafür lieferte er gleich mit. Während der Bewegung kommt es zu einer besseren Versorgung des Gehirns mit Sauerstoff und Nährstoffen. Schon bei einer Belastung mit fünf Watt auf dem Fahrradergometer – das entspricht einem langsamen Spaziergang – nimmt die Durchblutung des Gehirns um 20 Prozent zu. Jeder hat wahrscheinlich schon einmal festgestellt, dass die wirklich guten Ideen nicht unbedingt am Schreibtisch, sondern eher beim Spazierengehen, Joggen oder Radfahren entstehen. Doch Bewegung verbessert nicht nur die Versorgung des Gehirns mit Sauerstoff und Nährstoffen, sie führt auch zur Bildung neuer Nervenzellen, regt die Produktion von Nervenbotenstoffen an und trägt dazu bei, Gelerntes besser im Gedächtnis zu verankern. »Unser Gehirn ist das am meisten veränderbare Organ des Menschen«, erklärte Prof. Hollmann in einem Interview der Zeitschrift Focus. »So kurios das klingt: Körperliche Aktivität trainiert es besser als geistige« (93). Interessant ist, dass ganz unterschiedliche körperliche Aktivitäten einen nachweisbaren Effekt auf die geistige Leistungsfähigkeit haben. Ob wir einfach nur spazieren gehen oder eine schwierige Sportart wie Jonglieren oder Einrad fahren lernen – alles führt (im positiven Sinn) zu Veränderungen im Gehirn. Wahrscheinlich bleiben deshalb Daten und Fakten auch besser hängen, wenn man beim Lernen durch den Raum oder den Garten wandelt (63).

Im Grundschulalter und bis etwa zum 12. Lebensjahr lernen Kinder nachweislich mehr, wenn sie ihre Sitzposition wechseln können und nicht ausschließlich auf einem Stuhl sitzen müssen. Dürfen Kinder auch beim Lernen auf dem Boden lümmeln, auf einem Sitzball sitzen oder auf der Couch liegen, bleibt messbar mehr Lernstoff hängen. Etwa ab dem 13. bis 14. Lebensjahr funktioniert das Behalten von Lernstoff besser, wenn die Schüler auf einem Stuhl sitzen, dazwischen aber Bewegungspausen einlegen dürfen (86).

Sport macht schlau – schon vor dem Lernen

Schon ein wenig Bewegung vor Schulbeginn kann Konzentration und Aufmerksamkeit der Kinder am Vormittag verbessern. In den USA haben die meisten Kinder keine Gelegenheit, zu Fuß zur Schule zu gehen. Deshalb simulierte man in einer Untersuchung einen zwanzigminütigen Schulweg auf dem Laufband und ließ die Grundschüler anschließend einen Aufmerksamkeitstest absolvieren. Sie mussten lesen, buchstabieren und rechnen. Am nächsten Tag wurde ein ähnlicher Test ohne vorheriges Bewegungsprogramm nach einer zwanzigminütigen Ruhepause durchgeführt. Das Ergebnis: Den Kindern fiel nach der Bewegung das Lösen der Aufgaben deutlich leichter. Der Unterschied zwischen den beiden Testtagen war beträchtlich. Die Leistungen nach der Laufbandeinheit waren um etwa eine Schulnote besser als an den faulen Tagen (3, 38, 39).

Empfehlung

Lassen Sie Ihr Kind, wann immer möglich, einen Schulweg von 15 bis 20 Minuten zu Fuß zurücklegen. Ist dies nicht möglich, sollten Bewegungsmöglichkeiten vor dem Unterricht bzw. in den Pausen zur Verfügung stehen.

Aufs Einrad statt zur Nachhilfe

Die Fähigkeit, sich auf eine Aufgabe gut konzentrieren zu können, hängt eng mit der motorischen Geschicklichkeit zusammen, die bei allen sportlichen Aktivitäten vermittelt wird. Wer körperlich geschickter ist, dem fällt das Lernen, Verstehen und Anwenden des Schulstoffs leichter. In der CHILT-Studie

(= Children's Health InterventionaL Trial) schnitten die Kinder mit guten koordinativen Fähigkeit im Konzentrationstest am besten ab. Auch Wissenschaftler der Universität Potsdam haben herausgefunden, dass elfjährige Schüler, die besonders gut auf einem Bein stehen konnten, im Durchschnitt deutlich bessere Noten hatten als ihre Klassenkameraden, die nur für wenige Sekunden das Gleichgewicht hielten (30, 64).

Ein trainierter Gleichgewichtssinn und eine gute Körperbeherrschung führen zu Veränderungen im Gehirn, die sich später ganz deutlich auch im Zeugnis niederschlagen können. Alles, was Kinder oder auch Erwachsene tun, hinterlässt Spuren in ihren Gehirnen. Besonders tief scheinen diese Spuren zu sein, wenn wir etwas lernen, das Anstrengung erfordert, wenn wir eine Aufgabe lösen, die unser Gehirn nicht nur im »Stand-by-Modus« ausführen kann. Das trifft vor allem auf schwierige Koordinationsübungen zu, die verschiedene oft weit voneinander entfernte Bereiche des Gehirns beanspruchen. Dadurch sprießen zahlreiche neue Verbindungswege zwischen den Nerven und neue Nervenkreuzungen (Synapsen) entstehen. Diese Veränderungen im Gehirn lassen sich mithilfe einer Kernspinuntersuchung sichtbar machen. Regionen mit sehr vielen dieser Nervenkreuzungen erscheinen dort dunkelgrau. Und genau so einer Untersuchung unterzogen Regensburger Mediziner eine Gruppe Freiwilliger, die bisher keine Erfahrung mit dem Jonglieren hatte, vor und nach einem zwölfwöchigen Training. Sie konnten nachweisen, dass Jonglieren die Nervenzellen stärkt oder – in der Fachsprache ausgedrückt – zu einer Verdichtung der grauen Substanz im Gehirn führt. Das Gleiche gilt für alle anderen Bewegungsabläufe, die wir neu erlernen. Im Prinzip lässt sich durch entsprechendes Training die Gehirnstruktur in jedem Alter günstig beeinflussen. Das Kindes- und Jugendalter ist für unser Gehirn die wichtigste Prägungsphase. Die neu angelegten Nervenkreuzungen steuern nicht nur das Werfen und Fangen der Jonglierbälle, sondern können auch beim Lernen anderer Inhalte hilfreich sein. Eine hohe Dichte an Nervenkreuzungen verbessert insgesamt die Qualität der Informationsweiterleitung im Gehirn (28) .

Balance: gut, Rechnen: gut!

Auch eine Untersuchung der Hochschule Aalen in Zusammenarbeit mit dem hessischen Kultusministerium bestätigt, dass da etwas dran ist. Mehr als 3000 hessische Schülerinnen und Schülern der Klassen eins bis zehn wurden einem Gleichgewichtstest unterzogen. Sie mussten auf einem Bein stehen, rückwärts balancieren und mit geschlossen Augen auf beiden Beinen stehen. Erstaunlicherweise konnten viele Schülerinnen und Schüler diese einfachen Balanceübungen nicht ausführen. Der überwiegende Teil der Haupt- und Realschüler, aber auch 30 bis 40 Prozent der Gymnasiasten und Gesamtschüler litten zumindest unter leichten Störungen des Gleichgewichts. Dabei stellte sich heraus: Je schlechter die Schüler bei den Gleichgewichtstests abschnitten, desto schlechter waren ihre durchschnittlichen Noten vor allem in Mathe und Deutsch, häufig auch im Sport. Diese Tendenz zog sich durch die gesamte Schulzeit. Kinder mit schweren Störungen des Gleichgewichts waren um 0,6 bis 0,7 Notenstufen schlechter. Notendifferenzen in dieser Größenordnung entscheiden in der vierten Klasse darüber, ob das Kind eine Empfehlung fürs Gymnasium erhält oder eher eine Real- oder Hauptschule besuchen wird und sind in manchen Fällen sogar versetzungsrelevant. Doch selbst leichte Schwierigkeiten beim Balancieren machten sich mit einer Verschlechterung um bis zu 0,3 Notenstufen bemerkbar (40).

Wie lange kann Ihr Kind auf einem Bein stehen?

Bereits vierjährige Kinder sollten einige Sekunden balancieren können; je älter die Kinder sind, desto besser ist der Gleichgewichtssinn ausgeprägt. Probieren Sie es aus. Die Kinder sollten ab dem Einschulungsalter mindestens 15 Sekunden lang – barfuß – auf einem Bein stehen können. Gelingt das sogar mit geschlossenen Augen, dann ist der Gleichgewichtssinn gut ausgebildet. Weitere Übungen: Auf einer Linie am Boden vorwärts und rückwärts balancieren, balancieren auf einem etwas »wackeligen« Untergrund, z. B. auf einer weichen Matte.

Toben beflügelt die Gedanken

Der Gleichgewichtssinn lässt sich hervorragend und auf spielerische Weise trainieren und dieses Training ist gleichzeitig eine gute Maßnahme zur Verbesserung des Lernerfolgs.

Prof. Eckhard Hoffmann, der Leiter der hessischen Gleichgewichtsstudie bestätigt: »Ich habe sehr viele Rückmeldungen aus dem therapeutischen Bereich bekommen, die mir berichten, dass nach einer Verbesserung des Gleichgewichts und der Motorik auch deutliche Leistungssteigerungen in der Schule zu beobachten sind« (40). Dieser Ansatz wurde bisher völlig vernachlässigt. Auf ein dem Alter entsprechendes Training des Gleichgewichts sollte bereits im Kindergarten Wert gelegt werden. Je vielfältigere Reize und Eindrücke Kinder schon im Kleinkindalter erleben, desto komplexer werden die Nervenverbindungen angelegt. Auch Bewegungsreize wie Karussell fahren, wippen, schaukeln oder am Klettergerüst mit dem Kopf mal nach unten hängen, fördern die

Balancieren bringt nicht nur Spaß, sondern fördert auch die Gehirnleistung.

Gehirnentwicklung. So schneiden schon Kindergartenkinder, die sich täglich bewegen dürfen, bei einem Intelligenztest deutlich besser ab, als Kinder, denen diese Bewegungsreize versagt bleiben. Selbst die Sprachentwicklung profitiert vom Toben, denn auch hier wurde ein direkter Zusammenhang zwischen motorischen Fähigkeiten und der Sprachentwicklung nachgewiesen (119, 120). Und auch später ist ein Gleichgewichtstraining möglicherweise sinnvoller als Nachhilfestunden – zumindest aber ein guter Ausgleich und eine hervorragende Ergänzung zum Lernen.

Leichter zum Abitur durch Sport?

Sport wirkt sich nicht nur kurz- und mittelfristig auf die Schulleistungen aus, sondern hat auch Einfluss auf den Bildungsabschluss von Jugendlichen am Ende ihrer Schullaufbahn. Wenn Kinder und Jugendliche regelmäßig sportlich aktiv sind, erzielen sie später meist höhere Bildungsabschlüsse als ihre bewegungsscheuen Altersgenossen. Dieser Zusammenhang konnte in einer vom Bonner Institut zur Zukunft der Arbeit (IZA) veröffentlichten Untersuchung jetzt erstmals für Deutschland nachgewiesen werden. Der Effekt war für Mädchen sogar noch deutlicher als für Jungen. Möglicherweise erwerben die Mädchen im Sport Fähigkeiten wie Durchsetzungsvermögen und Zielstrebigkeit, die ihnen auch im Klassenzimmer und im Beruf helfen können. Wer neben der Schule noch an zusätzlichen Sportangeboten teilnimmt, erhöht dadurch seine Chancen, die Hochschulreife zu erlangen oder ein Universitätsstudium erfolgreich abzuschließen. Natürlich werden Sie an dieser Stelle fragen, warum nicht alle Hochleistungssportler auch Universitätsabsolventen sind. Auch darauf gibt die Studie eine Antwort. Der enorme Zeitaufwand bei der Teilnahme an Wettkämpfen und im Profisportbereich relativiert den schulischen Vorteil wieder (14).

So formt Sport unser Gehirn

Ein ganz wichtiger Reiz für die Bildung von neuen Nervenzellen (Neuronen) und deren Vernetzung ist körperliche Aktivität.

Mäuse, die ihr Laufrad im Käfig ausgiebig benutzen, bildeten vor allem in den Hirnregionen, die für das Merken und Behalten wichtig sind, doppelt so viele Nervenzellen, schnitten bei Lernaufgaben deutlich besser ab und fanden sich in Labyrinthen besser zurecht, als ihre untrainierten Artgenossen, die in einer bewegungsarmen Umgebung gehalten wurden (48).

Natürlich sind Kinder keine Mäuse, aber auch bei ihnen funktioniert die Entwicklung des Gehirns ähnlich. In einem anregenden und abwechslungsreichen Lernumfeld werden Nervenzellen neu gebildet und rasch mit anderen verknüpft. Ein wichtiger Faktor für die Bildung und Vernetzung der Hirnzellen ist deshalb auch bei uns Menschen die Bewegung.

Sie verbessert aber nur dann den Lernerfolg, wenn wir freiwillig und mit Freude aktiv sind. Wenn wir eine Sportart langweilig finden oder Angst haben, uns zu blamieren (wie das leider noch immer häufig im Sportunterricht der Fall ist), bleibt der Effekt aus. Der Grund: Stress und Furcht führen zu einer Ausschüttung des Stresshormons Cortisol. Die neu gebildeten Nervenzellen reagieren sehr empfindlich auf Stresshormone. Bewegung, die keinen Spaß, sondern Angst macht oder mit Unbehagen verbunden ist, bringt deshalb gar nichts. Neue Nervenzellen sprießen auch nur bei freiwilliger, nicht jedoch bei erzwungener körperlicher Aktivität (59). Das Sportangebot sollte sich deshalb nicht nach den Vorstellungen der Eltern, sondern nach den Neigungen und Wünschen der Kinder (soweit diese umzusetzen sind) richten. Es ist prinzipiell egal, was Kinder sportlich machen. Wichtig ist, dass sie sich täglich mit Freude bewegen.

Durch Bewegung werden vermehrt Wachstumsfaktoren ausgeschüttet, die auf unsere Gehirnzellen den gleichen Effekt haben wie Dünger für eine Pflanze: Wachstumsfaktoren lassen die Gehirnzellen »sprießen« und machen sie stark und widerstandsfähig. Der für die Gehirnentwicklung wichtige Wachstumsstoff hat die komplizierte Bezeichnung »brain derived neurotrophic factor« oder kurz: BDNF. Vor allem beim Lernen spielt dieser eine wichtige Rolle, denn BDNF fördert dann Wachstum und Verknüpfung von Nervenzellen. In den ersten Lebensjahren und in der Kindheit ist der Wachstumsfaktor für die Gehirnentwicklung enorm wichtig, aber er wirkt auch bis ins hohe Alter. Tiere mit den höchsten BDNF-Spiegeln lernen schneller und lösen Probleme besser als ihre Artgenossen mit niedrigen Spiegeln. Da bei Tieren und bei Menschen die Produktion von BDNF durch Bewegung angeregt wird, ist die Bedeutung des Sports fürs Lernen und Problemlösen unmittelbar einsichtig (60, 64, 57).

Es gibt aber noch weitere chemische Substanzen, die für den Lernerfolg wichtig sind. Unser Gehirn schüttet zahlreiche Botenstoffe, sogenannte Neurotransmitter aus, die sich unterschiedlich auf die geistige Entwicklung auswirken können. Inzwischen wurden verschiedene Substanzen identifiziert, die das Lernen unterstützen. Ausdauersport setzt Glückshormone im Gehirn frei, die die Stimmung verbessern, zufrieden und ausgeglichen machen und Ängste abbauen. Ein anderer wichtiger Nervenbotenstoff ist Dopamin. Das Kurz- und Langzeitgedächtnis funktioniert umso besser, je mehr Dopamin in der Blutbahn kreist.

Dopamin ist das »Bonbon« für die grauen Zellen. Es gehört zum gehirneigenen Belohnungssystem und wird dann »ausgeteilt«, wenn uns etwas Spaß macht. Gleichzeitig verankert Dopamin Informationen im Langzeitgedächtnis. Diese Doppelfunktion erklärt, warum wir Dinge, die uns Freude machen und die uns faszinieren, ganz einfach lernen und auch lange Zeit behalten. Lernstoff, der uns langweilt, ängstigt oder unangenehm ist, bleibt hingegen nicht im Gedächtnis haften. Doch nicht nur Spaß und Freude erhöhen den Dopaminspiegel, sondern auch körperliches Training, vor allem Ausdauersport.

Umsetzung im Alltag

Welche Schlüsse lassen sich nun aus den Erkenntnissen der Intelligenzforschung für den Alltag in Familie und Schule ziehen?

Konsequenzen für die Familien
- Sie als Eltern oder Betreuungspersonen haben für Kinder eine wichtige Vorbildfunktion. Deshalb sollten El-

tern nicht nur die Kinder auffordern, sich regelmäßig zu bewegen, sondern sie sollten selbst auch aktiv mit den Kindern sein und häufig mit ihnen spielen und Sport treiben.

- Es ist zunächst nicht wichtig, welche Sportart Kinder betreiben, sondern vor allem, dass sie sich regelmäßig mehrmals pro Woche bewegen.
- Kinder müssen selbst entscheiden, welchen Sport sie ausüben wollen. Denn Bewegung unterstützt nur dann das Lernen, wenn sie mit Freude und freiwillig ausgeübt wird.
- Sportarten, die Koordination (Balance), Kraft und Ausdauer gleichzeitig fördern, unterstützen die Gehirnentwicklung besonders gut. Zu empfehlen sind (ohne Anspruch auf Vollständigkeit) Turnen, Ballett, Judo, Karate, Yoga, Tai Chi, Klettern, Reiten, Tennis etc.
- Auch ganz einfache »Straßensportarten« wie Stelzen laufen, Seilspringen, Hüpfkästchen oder Gummitwist spielen, Fahrrad- oder Einradfahren, Pedalo fahren und auf der Slack-Line trainieren führen zum gewünschten Erfolg. (Slack-Line ist ein Trendsport, bei dem man – ähnlich wie beim Seiltanzen – auf einem breiten Band balanciert.)

Kleinkinder
- Kleine Kinder sollten sich in sicherer Umgebung bewegen. Schon das Krabbeln über verschiedene Untergründe wie harte Fliesen, dicke Kissen oder weiche Decken setzt Entwicklungsreize fürs Gehirn.
- Später sorgen altersgerechte »Sportgeräte« wie Dreirad oder Bobby-Car für Spaß an der Bewegung.
- Kinderturnen fördert auf hervorragende Weise die Motorik der Kleinen.

Kindergartenkinder
- Kindergartenkinder sollten sich täglich zwei bis drei Stunden bewegen. Sie haben Spaß, neue Bewegungen auszuprobieren. Hier darf es ruhig auch mal rasant zugehen. Ein ganz normaler Spielplatz kann schon zahlreiche Bewegungseindrücke vermitteln: Karussell fahren, Wippen, Rutschen oder Schaukeln bringen Freude und fördern die motorische Entwicklung und die Vernetzung der Hirnzellen.

■ Lassen Sie bei einem sicheren Untergrund Ihr Kind ruhig auch mal am Klettergerüst mit dem Kopf nach unten hängen. Bewegungen in verschiedenen Ebenen des Raums fördern nicht nur den Mut und stärken das Selbstvertrauen, sondern auch das räumliche Vorstellungsvermögen.

■ Ältere Kindergartenkinder haben Freude an Dosenstelzen, Pedalos und »Hüpfbällen«.

■ Gegen Ende des Kindergartenalters sollte Ihr Kind bereits sicher Roller und möglichst auch schon Fahrrad ohne Stützräder fahren können. Vielleicht beginnt es auch schon Rollschuh zu fahren.

Grundschulkinder/Jugendliche

■ Schulkinder sollten sich täglich mindestens eine Stunde bewegen.

■ Kinder in diesem Alter verfügen bereits über die motorischen Voraussetzungen, um alle diese Sportarten unter fachkundiger Anleitung zu erlernen.

■ Schauen Sie, ob es vielleicht eine »Familiensportart« gibt, bei der sie ein- bis zweimal pro Woche etwas gemeinsam unternehmen können.

■ Vernachlässigt werden sollte aber auf gar keinen Fall der Alltagssport: Fußball spielen auf einer Wiese oder auf dem Sportplatz, mit dem Rad zu Freunden fahren oder einfache Straßenspiele wie Springseil oder Hüpfkästchen springen oder Rollschuh oder Skateboard fahren, haben einen ähnlichen Effekt wie die ungleich teureren Reitstunden oder ein Skikurs.

■ Optimal ist sicher eine gute Kombination aus Schulsport (zwei bis drei Stunden pro Woche), Alltagsbewegung (zu Fuß zur Schule, zur Freundin, zum Kiosk laufen, zwei bis drei Stunden pro Woche), Vereinssport (ein bis zwei Stunden pro Woche), Freizeitaktivitäten (zwei Stunden pro Woche) – das sind eine bis anderthalb Stunden Bewegung täglich.

Konsequenzen für die Schule

■ Der Sportunterricht muss einen höheren Stellenwert erhalten. Ideal ist die tägliche Sportstunde. Solange

Ideal ist es auch, wenn Sie für die Familie eine gemeinsame Sportart finden.

das nicht möglich ist, sollte täglich ein Bewegungsprogramm in den Unterricht oder in die Pausen integriert werden. Zwanzig Minuten zusätzlicher aktiver Bewegung sollten so am Vormittag zusammenkommen.

- Der Sportunterricht sollte den Kindern den Spaß an der Bewegung vermitteln – und nicht nehmen. Altersgerechte »Fun-Sportarten« wie z. B. Inline-Skaten, Jonglieren, Einradfahren, Klettern sind dazu besser geeignet als die klassischen Unterrichtsinhalte.

- Nur Sport, der mit Spaß und angstfrei betrieben wird, führt zu einer Ausschüttung von Botenstoffen (Dopamin), die das Lernen fördern.

- Bewegungseinheiten und Sportstunden sollten im Optimalfall nicht am Ende des Schultages, sondern am Anfang oder in der Mitte liegen, denn direkt nach den Bewegungseinheiten sind die Schüler konzentrierter, leistungsbereiter und aufnahmefähiger.

- Um den Flüssigkeitsverlust auszugleichen, sind regelmäßige Trinkpausen unerlässlich.

4

Trinken verbessert die Leistung

»Das Beste aber ist das Wasser.«

Pindaros, griechischer Philosoph, 522–445 v. Chr., Olympische Oden

Kinder, die zu wenig trinken, bringen oft nicht die gleiche Leistung wie gut mit Flüssigkeit versorgte Schüler. Gleich zu Beginn dieses Kapitels haben wir die Argumente für ausreichendes Trinken zusammengestellt.

Das bringt Trinken für den Schulerfolg

- Eine ausreichende Flüssigkeitsversorgung wirkt sich sofort günstig auf Konzentration und geistige Leistungsfähigkeit aus.
- Schüler behalten den Lernstoff schneller und leichter, wenn sie während des Unterrichts ausreichend trinken.
- In Prüfungen verbessert eine ausreichende Flüssigkeitsaufnahme die Noten.

Wasser für Konzentration und Leistungsfähigkeit

Kann man sich zum Erfolg trinken? Für Sportler ist das keine Frage. Wer durstig zum Fußballtraining oder zum Lauftreff geht, wird keine besonderen Leistungen bringen. Im Prinzip gilt das Gleiche auch für Schüler, die durstig zum Unterricht kommen. Viele Kinder, die morgens nicht frühstücken, trinken auch nichts. Bis zum Schulbeginn liegt dann die letzte Flüssigkeitsaufnahme zehn bis zwölf Stunden zurück. Das sind natürlich keine guten Voraussetzungen für einen erfolgreichen Schultag. Bereits bei einem Flüssigkeitsmangel von zwei Prozent des Körpergewichts, das entspricht bei einem Grundschüler ungefähr zwei Gläser Wasser, reduziert sich die körperliche und geistige Leistungsfähigkeit um bis zu acht Prozent. Schon deutlich geringere Flüssigkeitsdefizite schränken

Konzentration und Lernfähigkeit ein. Doch gegen diesen Leistungseinbruch kann man antrinken: Im Rahmen der Rosbacher Trinkstudie stellten Lehrer fest, dass Grundschüler den Lernstoff schneller und leichter behalten konnten, wenn sie während des Unterrichts so oft und so viel trinken durften, wie sie wollten und auch vom Lehrer noch aktiv zum Trinken aufgefordert wurden. Bei Abiturienten brachten die mit der größten täglichen Trinkmenge die besten Leistungen in den Prüfungen (92).

Ebenso konnten sich Studenten, die vor der Vorlesung zwei große Gläser (einen halben Liter) Wasser tranken, mehr Vorlesungsstoff merken als ihre schlecht mit Flüssigkeit versorgten Kommilitonen. Sie arbeiteten engagierter mit und hatten mehr Freude an der Veranstaltung. Bei mangelnder Flüssigkeitszufuhr kann der Intelligenzquotient sogar vorübergehend um bis zu 15 Punkte abfallen (62). In Anbetracht dieser Tatsachen ist es erschreckend, dass viele Schülerinnen und Schüler den ganzen Vormittag zu wenig oder gar nichts trinken und dadurch Konzentration und Leistungsfähigkeit einbüßen.

Laut DGE sollten Kinder in Abhängigkeit vom Alter, Körpergewicht und von körperlicher Aktivität etwa so viel trinken:

Ein- bis Vierjährige sollten mindestens 800 ml Flüssigkeit zu sich nehmen,

Vier- bis Sechsjährige sollten etwa 900 ml bis 1 Liter trinken,

Sieben- bis Neunjährige benötigen 900 ml bis 1,1 Liter,

10-bis 13-Jährige sind mit 1 bis 1,4 Litern gut versorgt,

14- bis 18-Jährige können mit 1,5 bis 2 Litern ihren Flüssigkeitsbedarf decken.

Durst macht vergesslich

Tag für Tag fehlt vielen Kindern ein großes Glas Wasser. Im Monat sind das mehr als sieben Liter Flüssigkeit, die zu wenig getrunken werden – das hat eine Langzeituntersuchung des Forschungsinstituts für Kinderernährung (FKE) in Dortmund gezeigt (DONALD Studie. Vier- bis neunjährige Kinder tranken sogar nur halb so viel wie empfohlen. Durst macht sich erst bemerkbar, wenn der Organismus schon viel Flüssigkeit verloren hat. Auf das

Durstgefühl ist deshalb wenig Verlass: Wer Durst verspürt, hat nämlich bereits viel zu wenig getrunken. Ähnlich wie ältere Menschen sollten auch Kinder regelmäßig trinken, selbst wenn sie noch keinen Durst verspüren. Und jeder weiß es aus eigener Erfahrung: Wenn man durstig ist, dann kann man sich schlecht konzentrieren. Doch dieser banalen Alltagsweisheit wird im Lernalltag zu wenig Beachtung geschenkt: Nur an 16 Prozent der Schulen ist Trinken während des Unterrichts erlaubt. Das hat eine repräsentative Umfrage im Auftrag des Forum Trinkwasser e. V. ergeben. Selbst im Sportunterricht wird kein Wert auf eine ausreichende Flüssigkeitszufuhr gelegt: Das Trinken beim Sport ist nur an jeder fünften Schule selbstverständlich. Vom Lehrer angeordnete Trinkpausen sind eher die Ausnahme als die Regel. Auch wenn der Sportunterricht prinzipiell Konzentration und geistige Leistungsfähigkeit unterstützt, wird die Wirkung durch starken Durst wieder aufgehoben. Kinder können sich neue Lerninhalte schlechter merken, wenn nach einem »schweißtreibenden«, anstrengenden Sportunterricht der Flüssigkeitsverlust nicht ausgegli-

chen wird (35). Wer konzentrierte Kinder und gute Noten möchte, muss deshalb zum Trinken anregen und auch Möglichkeiten dazu bieten. Dies gilt nicht nur zu Hause oder beim Sport, sondern auch während des Unterrichts. Wie viel und was Kinder trinken, liegt bis zur Pubertät weitgehend in der Hand der Eltern, denn sie entscheiden meist, welche Getränke sie den Sprösslingen in die Schule oder zum Sport mitgeben. Alle Kinder sollten eine Trinkflasche mit Wasser oder verdünntem Saft auf dem Tisch stehen haben und auch während des Unterrichts nach Belieben trinken dürfen. Wenn das in Ihrer Schule noch nicht erlaubt ist, sprechen Sie doch einfach mal den Elternbeirat oder den Klassenlehrer darauf an. Vor allem in der Grundschule ist die aktive Mitarbeit der Lehrer erforderlich. Diese können in der Pause und beim Sport die Kinder zum Trinken animieren.

Die Flüssigkeitsaufnahme beginnt aber nicht erst in der Schule. Schon am Frühstückstisch sollten Schüler ein bis

Immer mal wieder ein Glas Wasser oder verdünnte Säfte trinken.

56

zwei Gläser Wasser oder Saftschorle trinken. Kinder schauen sich ihre Trinkgewohnheiten bei den Eltern ab. Es sollte deshalb zur Gewohnheit werden, dass zum Essen auch getrunken wird und den ganzen Tag eine Flasche Wasser in Reichweite steht. Limonaden oder Softdrinks sind eher flüssige Süßigkeiten und als Durstlöscher nicht geeignet. Würden Sie den Flüssigkeitsbedarf Ihres Kindes alleine mit Softdrinks wie Limonade oder Cola decken, kämen zusätzlich 500 bis 800 (!) Kalorien aufs Energiekonto, ohne dass dem Körper nennenswerte Mengen an Vitalstoffen zugeführt werden.

Empfehlung

Stellen Sie jeden Morgen die tägliche Trinkmenge bereit, die am Abend getrunken sein sollte. Eine Alternative zum Training besserer Trinkgewohnheiten ist eine »Trinkuhr«: Stellen Sie dazu einen Kurzzeitwecker auf 60 Minuten ein, bei jedem Klingeln sollte das Kind einen großen Schluck Wasser (50 bis 100 ml) oder ein anderes kalorienarmes Getränk zu sich nehmen. So summiert sich die Flüssigkeitsaufnahme über den Tag.

Umsetzung im Alltag

- Lassen Sie Ihre Kinder nie durstig zur Schule gehen.
- Stellen Sie immer ungesüßte Getränke bereit. Wasser und ungesüßte Tees oder verdünnte Säfte sind ideale Durstlöscher. Limonaden oder auch konzentrierte Säfte sollten die Ausnahme sein. Diätgetränke oder süßstoffhaltige Limonaden sind keine Kindergetränke!
- Geschmack ist häufig eine Frage der Gewohnheit. Kindern, denen nicht ständig süße Getränke vorgesetzt werden, mögen auch Wasser oder ungesüßten Tee.
- Geben Sie den Kindern ausreichend Getränke in die Schule und zum Sportunterricht mit.
- Erklären Sie Ihrem Kind, wie wichtig regelmäßiges Trinken ist und seien Sie selber ein gutes Vorbild.

5

Was Intelligenz mit Ernährung zu tun hat

»Du bist, was du isst.«

Ludwig Feuerbach (1804–1872), deutscher Philosoph

Kinder sind nur dann fit für die Schule, wenn sie über ihre Ernährung alle wichtigen Nährstoffe erhalten, die für die Gehirnentwicklung und die geistige Leistungsfähigkeit notwendig sind. Was Ernährung alles bewirken kann, finden Sie gleich zu Beginn dieses Kapitels in einer kurzen Übersicht – genauere Erläuterungen folgen natürlich.

Das bringt die richtige Ernährung für den Schulerfolg

- Eine ausgewogene Ernährung sorgt für eine schnellere Auffassungsgabe, ein gutes Kurz- und Langzeitgedächtnis und eine insgesamt bessere geistige Leistungsfähigkeit.

- Kinder, deren Ernährung abwechslungsreich und ausgewogen ist, die selten Fertiggerichte und fetthaltige, nährstoffarme Lebensmittel verzehren, dafür häufig Obst, Gemüse und Vollkornprodukte essen, schneiden in Schultests deutlich besser ab als ihre Altersgenossen, deren Ernährung weniger ausgewogen ist.

- Schüler, die morgens ein vollwertiges Frühstück verzehren, schneiden bei Lernaufgaben deutlich besser ab als Mitschüler, die ohne etwas zu essen in die Schule kommen.

- In Intelligenztests erreichen Kinder, die regelmäßig Fisch verzehren, höhere Werte.

- Die Intelligenz von Kindern soll sich durch eine ausgewogene Ernährung um mindestens fünf Prozent steigern lassen.

Dem Kopf das richtige Futter geben

Stellen Sie sich vor, an Ihrer Schule würde das Gerücht umgehen, dass einige Eltern ein Geheimmittel für bessere Konzentration kennen und auch anwenden. Vielleicht wären Sie empört über den ungleichen Wettbewerb, wahrscheinlich würden Sie aber auch einmal vorsichtig Erkundigungen einziehen, wo es dieses Wunderelixier zu kaufen gibt. Sie wären erstaunt, wenn Sie erführen, dass Sie das Wundermittel bereits in der Hand haben: Es ist die Nahrung. Essen beeinflusst nicht nur unsere körperliche Fitness und unsere Gesundheit, sondern wirkt sich auch auf unsere Stimmung, auf unsere Gedanken und unsere Lernfähigkeit aus. Es gibt sogar enge Zusammenhänge zwischen Schulnoten und Ernährung. Ein »gut genährtes« Gehirn ermöglicht den Kindern eine bessere Konzentration, verschafft ihnen eine schnellere Auffassungsgabe, ein gutes Kurz- und Langzeitgedächtnis und eine insgesamt bessere geistige Leistungsfähigkeit. Mit den Zusammenhängen zwischen Ernährung und Intelligenz befasst sich seit einigen Jahren ein neues Wissenschaftsgebiet, das sich »Nutrional Neuroscience« nennt, zu Deutsch: »Nahrungsbezogene Hirnforschung«. G. Keith Conners von der Duke University in North Carolina ist einer der führenden Experten auf diesem Gebiet. Er hat unter anderem herausgefunden, dass sich die Intelligenz von Kindern durch eine ausgewogene Ernährung um mindestens fünf Prozent steigern lässt. Darüber hinaus sind gut ernährte Kinder zufriedener und ausgeglichener (14).

Das bedeutet natürlich nicht, dass es nur der richtigen Ernährung bedarf, um aus einem durchschnittlich begabten Kind ein Genie zu machen. Doch mit einer ausgewogenen Ernährung lässt sich tatsächlich einiges erreichen. Der Intelligenzforscher Siegfried Lehrl meint sogar, dass unsere Intelligenz zu einem Drittel von der Ernährung abhängt. Um das zu beweisen, ließ er Versuchspersonen eine dreistündige Fahrt auf einem Fahrsimulator absolvieren. Zuvor konnten sich die Teilnehmer mit verschiedenen Lebensmitteln stärken. Gut schnitten die Probanden ab, die eine Milchschnitte gegessen hatten (wobei die Milchschnitte sicher nicht die allerbeste Hirnnahrung ist). Der Verzehr einer fettarmen Bockwurst hatte weder positive noch negative Auswirkungen auf die Werte im Simulatortest. Mit einer großen Portion Chips im Magen verschlechterten sich jedoch die Leistungen messbar. Ähnlich verhielt es sich auch mit dem Wohlbefinden der Testpersonen (70). Aus dieser Untersuchung geht deutlich hervor, dass das, was wir essen, einen direkten Einfluss auf unsere Gehirntätigkeit nimmt. In dem Bericht wurden nur drei Lebensmittel vorgestellt. Wahrscheinlich könnten aber Teilnehmer, die vor Teststart ein Müsli, Obst oder ein Vollkornbrot verzehrt hätten, ebenso gut oder sogar besser abschneiden.

Botenstoffe mit Messer und Gabel locken

Warum hilft nun die richtige Ernährung beim Lernen? Dazu muss man wissen, dass Denken nur mithilfe von Botenstoffen, sogenannten Neurotransmittern funktioniert. Sie geben – ähnlich wie bei einem Staffellauf – Nachrichten von Nervenbindungs-

stelle zu Nervenbindungsstelle weiter. Diese Informationsweitergabe erfolgt nur dann präzise und mit hoher Geschwindigkeit, wenn ausreichend »Staffelläufer« bereitstehen. Die Ausgangsstoffe für diese »Nervenboten« sind in der Nahrung enthalten. Wichtige Botenstoffe, die uns beim Denken helfen, sind Serotonin, Acetylcholin und Dopamin.

Serotonin ist der »Glücksbote«. Es macht zufrieden, glücklich und ausgeglichen und verbessert gleichzeitig die Konzentration. In der Nacht sinkt der Serotoninspiegel stark ab. Um am Morgen wieder Serotonin bilden zu können, benötigt das Gehirn komplexe Kohlenhydrate, die zum Frühstück am besten mit Vollkornbrot, Müsli, Obst oder Nüssen aufgenommen werden. Aber auch Ausdauersport oder ein Aufenthalt im Freien lassen das Glückshormon ansteigen.

Acetylcholin ist der »Sprinter« zwischen den Nervenkontaktstellen. Es spielt bei allen Lernvorgängen eine maßgebliche Rolle, denn es beschleunigt Denkprozesse, verbessert die Konzentration und unterstützt das Gedächtnis. Der wichtigste Ausgangsstoff für diese Lernhilfe ist Cholin, das ebenfalls in der Nahrung vorhanden ist. In hohen Konzentrationen ist Cholin in Soja-Lezithin, aber auch in Bierhefe, Eigelb, Erdnüssen, Brokkoli oder Blumenkohl enthalten. In vielen Fällen lässt sich das Gedächtnis durch eine Steigerung der Lezithinaufnahme verbessern.

Dopamin ist der »Klebstoff« für Informationen. Er wird benötigt, damit Lerninhalte im Gedächtnis haften bleiben. Omega-3-Fettsäuren, die zum Beispiel in Fisch und einigen Pflanzenölen vorkommen, verbessern die Dopaminversorgung des Gehirns. Wer gut mit Omega-3-Fettsäuren versorgt ist, verfügt in der Regel auch über einen hohen Dopaminspiegel. Daneben wird der Botenstoff auch bei Bewegung, zum Beispiel beim Joggen, sowie bei allen Tätigkeiten, die uns Spaß machen, ausgeschüttet. Sowohl Dopamin als auch Acetylcholin, die beide die Aufmerksamkeit erhöhen und das Gedächtnis schlagartig verbessern, werden dann verstärkt freigesetzt, wenn uns Lerninhalte emotional ansprechen oder uns Freude machen.

Geistesblitze kann man essen

Wer die Lernbasis verbessern will, muss zunächst einmal dafür sorgen, dass die Botenstoffe in ausreichender Menge zur Verfügung stehen. Für seinen Botenstoffcocktail benötigt das Gehirn nämlich zahlreiche Zutaten. Diese finden sich nur in einer abwechslungsreichen und ausgewogenen Ernährung. Mit Fast-Food-Einerlei lassen sich die Staffelläufer im Gehirn nicht zu Höchstleistungen anspornen. Kinder sind nämlich nur dann fit für die Schule, wenn sie über ihre Ernährung alle wichtigen Substanzen erhalten, die für die Gehirnentwicklung und die geistige Leistungsfähigkeit notwendig sind.

Es ist deshalb gerade für Kinder – deren Gehirn einen deutlich höheren Energiebedarf hat – besonders wichtig, dass sie regelmäßig und zur richtigen Zeit alle notwendigen Nährstoffe auf dem Teller finden. Wie gravierend der Effekt der Ernährung auf die Schulnoten sein kann, zeigte eine kanadische Studie: Hier schnitten Kinder, deren Ernährung abwechslungsreich und ausgewogen ist, die selten Fertiggerichte und fetthaltige, nährstoffarme

Lebensmittel verzehren, dafür häufig Obst, Gemüse und Vollkornprodukte essen, in Schultests deutlich besser ab als ihre Altersgenossen, deren Ernährung weniger ausgewogen war – und das unabhängig davon, welcher sozialen Schicht sie angehörten (21).

In der Praxis ist es sicher nicht immer einfach, die Ernährungsziele der Eltern mit den Essenswünschen ihrer Kinder in Einklang zu bringen. Denn viele Kinder lieben Nahrungsmittel, die ihnen auf Dauer die geistige Frische und den Spaß am Lernen rauben.

Sie essen besonders gerne Fleisch und Wurst und greifen zu häufig zu Süßigkeiten und Limonade. Die für das Gehirn wichtigen Nahrungsmittel wie Obst, Gemüse, Kartoffeln, Vollkornbrot und Vollkornreis kommen viel zu selten und zu wenig auf den Teller. Auch Fisch steht nicht häufig auf dem Speiseplan (22, 68). Das zeigt, dass unseren Kindern mit der typischen Ernährung eine Vielzahl hirnaktiver Nährstoffe fehlen, die den Weg durch die Schule möglicherweise erleichtern könnten. Bis zur Pubertät hat das Gehirn außerdem einen besonders hohen Bedarf an komplexen Kohlenhydraten, einer Vielzahl von Mikronährstoffen und den

richtigen Fetten. Die besseren Noten haben deshalb vor allem Kinder, die einen hohen Anteil faserreicher Nahrungsmittel wie Obst und Gemüse verzehren oder häufig Fisch essen. Diese sind im Gegensatz zu sehr fettreicher Nahrung besser verdaulich und halten den Blutzuckerspiegel länger auf einem konstanten Level und liefern wichtige Fettsäuren. Dadurch kann das Gehirn besonders gut arbeiten (21).

Gute Noten beginnen am Esstisch

Neben einer ausreichenden Zufuhr aller wichtigen Nährstoffe mit dem Essen ist gerade für Kinder ein cleveres »Energiemanagement« unerlässlich für den schulischen Erfolg. Energie gewinnen Körper und Gehirn aus Kohlenhydraten. Der Körper wandelt diese in Zucker um. Zucker wird auch als Glukose bezeichnet, er ist das »Benzin« der Gedanken. Die Gehirnzellen können nämlich nur aus Glukose Energie gewinnen und sind deshalb auf einen konstanten Blutzuckerspiegel angewiesen. Wie schnell die Umwandlung der Nahrungsbestandteile in Glukose passiert, hängt von der Art der Kohlenhydrate ab. Schnell umwandelbare Kohlenhydrate wie Honig, Weißbrot, Marmelade oder Traubenzucker liefern schnelle Energie für die erste halbe Stunde. Weil der Körper aber rasch Gegenmaßnahmen ergreift und mit Hilfe des Hormons Insulin den Blutzuckerspiegel bald wieder senkt, fällt die Leistungsfähigkeit nach kurzer Zeit dramatisch ab. Die Kinder werden unkonzentriert, unaufmerksam und müde. Langsame Kohlenhydrate, wie sie in Vollkornprodukten, Obst oder Gemüse enthalten sind, werden nur allmählich in Zucker umgewandelt. Sie führen zu einem konstanten und lang anhaltenden Anstieg des Blutzuckerspiegels. Dadurch kann das Gehirn über eine längere Zeit konzentriert arbeiten. Für Kinder sind die langsamen Kohlenhydrate von Vorteil, da sie über lange Zeit für Denkenergie sorgen. Der relative Energiebedarf eines Kindes ist nämlich – verglichen mit dem eines Erwachsenen – sehr hoch. Während das Gehirn eines Erwachsenen etwa 20 Prozent der aufgenommen Energie verbraucht, liegt der Energiebedarf des Gehirns eines Kleinkindes doppelt so hoch. Es reagiert deshalb besonders empfind-

Gesunde Nahrungsmittel wie Obst, Kartoffeln und Gemüse kommen viel zu selten auf den Tisch.

lich auf ausgefallene Mahlzeiten. Auch Heranwachsende sind noch auf eine kontinuierliche Zufuhr an »Treibstoff« angewiesen. Jeden Morgen stehen die Energiespeicher des Gehirns »auf Reserve«. Wir fahren sozusagen mit einem Auto, dessen Tank fast leer ist, zur Tankstelle, um den richtigen Treibstoff nachzufüllen. Die Tankstelle für das kindliche Gehirn ist der Frühstückstisch. Mit dem richtigen Frühstück füllen Kinder ihre Energiespeicher wieder auf und stellen dem Organismus ausreichend »Treibstoff« für den Start in den Tag zur Verfügung.

Doch viele Kinder können ihr Potenzial schon deshalb nicht ausschöpfen, weil sie den Schultag entweder ohne oder mit dem falschen Frühstück beginnen. Bereits in der Grundschule verlässt jedes zehnte Kind das Haus mit leerem Magen (WHO-Gesundheitsstudie 2002). Später verschlechtert sich die Frühstückssituation der Schüler zunehmend. »In den neunten Klassen nehmen (...) ein Viertel der Mädchen und ein Fünftel der Jungen kein Frühstück zu sich«, erklärt der Gesundheitswissenschaftler Klaus Hurrelmann (44). Ursachen sind in den meisten Fällen Zeitknappheit, Müdig-

keit oder Gewohnheit. Wer das Frühstück ausfallen lässt, missachtet nicht nur ein Ritual, er setzt auch seine Gesundheit aufs Spiel und reduziert Aufnahmefähigkeit und Konzentration. Dagegen können Kinder, die vor der Schule das Richtige frühstücken, besser lernen. Murphy zeigte in einer Studie mit Neun- bis Elfjährigen, dass die Schulkinder, die morgens ein vollwertiges Frühstück verzehrt hatten, bei Lernaufgaben deutlich besser abschnitten als die Mitschüler, die ohne etwas zu essen in die Schule kamen (71). Wer morgens ausschließlich Vollkornprodukte zum Frühstück isst, kann sich bis zum Abend besser konzentrieren und macht weniger Fehler (75). Das Vollkorn-Frühstück hat darüber hinaus noch einen angenehmen Nebeneffekt: Es lässt den Spiegel des Glückshormons Serotonin, der in der Nacht stark abgesunken ist, rasch wieder ansteigen. Serotonin macht glücklich und ausgeglichen. Die wichtigste Voraussetzung für Konzentration und geistige Leistungsfähigkeit ist deshalb das Richtige zur richtigen Zeit zu essen und sich so mit einem gut gefüllten »Energietank« durch den Berufs- bzw. Schulalltag zu bewegen.

Gemeinsame Mahlzeiten schützen vor Sucht und Übergewicht

Mehrmals wöchentlich gemeinsam mit der Familie zu essen, ist nicht nur gesund und macht Spaß, sondern soll auch das Suchtverhalten von Teenagern reduzieren – das haben Forscher der Universität Illinois herausgefunden. Jugendliche, die wöchentlich mindestens drei bis fünf Mahlzeiten gemeinsam mit der Familie einnehmen, greifen seltener zum Glimmstängel, trinken weniger Alkohol und nehmen seltener Drogen. Daneben scheinen Kinder, die öfters am Familientisch essen, auch seltener übergewichtig zu werden, wie eine Untersuchung der Harvard Universität zeigt. Durch die gemeinsamen Mahlzeiten kennen sich Kinder besser aus mit gesunder Ernährung und essen seltener Fast Food.

Zuckerschock beim Frühstück

Ein Frühstück ist nicht automatisch ein Garant für geistige Höchstleistungen am Vormittag. Obwohl manche Kinder scheinbar gut gestärkt und voller Tatendrang am Morgen die Wohnung verlassen, brechen die Leistungen spätestens am Ende der ersten Stunde ein. Was ist passiert? Diese Schulkinder haben falsch gefrühstückt. Möglicherweise bestand ihr Frühstück vor allem aus Weißbrot und Marmelade oder Milchbrötchen mit Honig. Auch Getränke wie Limonaden oder auch zuckerhaltige Fruchtnektare haben den gleichen negativen Effekt.

Der Zucker in diesem Frühstück wird vom Körper rasend schnell verbrannt. Die Kinder haben ein »Strohfeuerfrühstück« zu sich genommen: Zu Hause lodert es noch hell und befeuert die Gedanken, aber schon in der ersten Stunde klimmt es nur noch schwach und spätestens um 9 Uhr ist dem Gehirnfeuer die Energie ausgegangen, der Gedankenmotor kommt ins Stottern. Spätestens dann ist das Kind in der Schule nur noch körperlich, nicht aber mehr geistig anwesend. Kommen in der großen Pause dann noch Schokoriegel und Cola hinzu, kann man von den Schülern keine Konzentration mehr erwarten. Denn auch ein gesundes Pausenfrühstück haben nicht alle Schüler dabei, so das Ergebnis der Rama Pausenbrotstudie 2009, durchgeführt vom forsa-Institut Deutschland: »Wir fanden heraus, dass nach Einschätzung der Lehrer nur jedes zweite Kind in der Schule ein gesundes Pausenbrot zu sich nimmt«, erläuterte Markus Hoyer von forsa. »Etwa jedes fünfte Kind bringt gar kein Pausenfrühstück mit, sondern kauft es sich (18 Prozent) oder verzichtet ganz darauf (zwei Prozent). Die Schüler, die kein Pausenfrühstück dabeihaben, greifen dann vorwiegend zu Süßigkeiten und Fast Food als Zwischenmahlzeit«, so der Experte weiter. Ohne einen zusätzlichen Energieschub in der Pause lässt die Konzentration der Kinder rasch nach und die Schulleistungen leiden. Natürlich lieben fast alle Kinder Süßigkeiten und es wäre sicher falsch, ihnen die Leckereien völlig zu verbieten. Das Naschzeug sollte aber nicht unkontrolliert, nicht in großen Mengen und nicht anstelle eines Frühstücks oder Pausenbrotes konsumiert werden. 1986 reduzierten zahlreiche New Yorker Schulen den Gehalt an Kristallzucker in der Schulverpflegung. Auffallend viele Schüler verbesserten

darauf ihre Noten verglichen mit den Zensuren des Vorjahres (95).

Kinder, die in der Schule unruhig und zappelig oder müde und unaufmerksam sind und in Klassenarbeiten oft versagen, leiden nicht unbedingt unter Lernschwäche oder einem Aufmerksamkeitsdefizit. Es sollte nicht sofort der Psychologe oder Nachhilfelehrer zurate gezogen werden. Oft reicht es aus, einmal zu schauen, was denn die Kinder während des Tages, vor allem aber zum Frühstück und in der Pause verzehren.

Langsame Kohlenhydrate für schnelles Denken

Wenn Sie Ihr Kind »gehirngerecht« ernähren, wird sich dadurch Konzentration, Lernerfolg und schulische Leistungsfähigkeit in vielen Fällen verbessern. Für konstante Leistungsfähigkeit und geistige Kraft sorgt ein Frühstück mit Kohlenhydraten, die langsam ins Blut gehen und den Blutzuckerspiegel über viele Stunden auf einem hohen »Leistungslevel« halten. Ein gesundes Frühstück, das die Konzentration fördert, enthält ballaststoffreiche Vollkornprodukte (Brot, Müsli), Obst und Milch bzw. Milchprodukte. Lassen Sie Ihr Kind – im Rahmen der gesunden Möglichkeiten – sein Frühstück selber zusammenstellen – das erhöht die Akzeptanz. Ergänzt durch das Lieblingsobst, einen verdünnten Fruchtsaft oder Kakao hat Ihr Kind einen optimalen Start in den Tag. Wenn Ihr Kind morgens kein »festes« Frühstück mag, dann kann es vielleicht einen »Milchshake« mit einer Banane oder frischen Beeren und feinen Haferflocken trinken.

Damit Schulkinder auch noch in der letzten Stunde konzentriert mitarbeiten können, ist ein gesunder Pausensnack enorm wichtig. Dieser füllt die Energiereserven zwischendurch wieder auf, denn auch das beste Frühstück hält nicht bis zur sechsten Stunde vor. Auch ein guter Pausensnack sollte aus komplexen, langsam verwertbaren Kohlenhydraten bestehen. Diese findet man in Vollkornprodukten, Nüssen, Obst und Gemüse. Sie liefern Energie für einen langen Schultag. Wichtig ist jedoch, dass das Pausenfrühstück den Kindern schmeckt und mit ihnen abgestimmt wurde. Was nutzt das gesündeste Frühstücksbrot, wenn es im Mülleimer landet?

Das richtige Fett macht geistig fit

Auch wenn es sich nicht besonders appetitlich anhört: Unsere Gedanken werden sozusagen in einem Klumpen Fett produziert, denn die »grauen Zellen« bestehen zu mehr als 60 Prozent aus diesem Baumaterial. Der in unserer Nahrung oft geschmähte Nährstoff ist wichtig, um die Hirnzellen zu schützen und zu stützen und Signale weiterzutransportieren. Gerade das kindliche und jugendliche Gehirn ist deshalb während der Entwicklung auch auf eine großzügige Versorgung mit bestimmten Fetten angewiesen. Vor allem zwei Fette sind für das Gehirn der Heranwachsenden von besonderer Bedeutung: Cholesterin und Omega-3-Fettsäuren.

Die Bildung von Denkverbindungen (Synapsen) zwischen den einzelnen Nerven ist wichtig für die Hirnentwicklung und funktioniert nur unter dem Einfluss von Cholesterin (74). Kinder benötigen deshalb Cholesterin in der Nah-

Omega-3-Fettsäuren-Gehalt in g/100 g

Fisch	Omega-3-FS gesamt	davon DHA-Gehalt
Thunfisch	3,5 g	2,1 g
Lachs	2,6 g	1,9 g
Hering	1,9 g	1,2 g
Makrele	1,7 g	1,1 g
Pflanzenöle		
Walnussöl	10,1 g	—
Rapsöl	9,3 g	—
Hanföl	20,2 g	—
Leinöl	61,5 g	—

Quellen: Mod. Nach Souci-Fachmann-Kraut, 2008

der Fettmasse des Gehirns besteht aus diesem Fett. Deshalb sind Omega-3-Fettsäuren der wichtigste Baustoff der Zellwände im Nervengewebe. Sie können nicht durch andere Fettsäuren ersetzt werden und sind in allen Phasen der Gehirnentwicklung wichtig. Bereits in der Schwangerschaft fördert eine reichliche Zufuhr dieser Fettsäuren die Entwicklung des Gehirns und der Sehfähigkeit. In der Schulzeit benötigen Kinder dann die Omega-3-Fettsäuren für ein gutes Gedächtnis und eine bessere Lernfähigkeit.

Besonders reichlich enthalten sind die wertvollen Fettsäuren in fetten Kaltwasserfischen, z. B. in Hering, Lachs, Thunfisch und Makrele sowie in Pflanzenölen (Raps-, Walnuss-, Hanf- oder Leinöl). Allerdings werden die pflanzlichen Omega-3-Fettsäuren (ALA) nicht immer in ausreichendem Maße in die gehirnaktiven Omega-3-Fettsäuren (DHA) umgewandelt. Pflanzenöle reichen deshalb alleine nicht aus, um den Kindern ausreichende Mengen der langkettigen Omega-3-Fettsäuren für eine optimale Gehirnentwicklung bereitzustellen, sind aber eine gute Ergänzung.

rung. Auch wenn Erwachsene sich häufig cholesterinarm ernähren, so ist diese Fettsäure vor allem bei Kindern für das Heranreifen der Nervenzellen und deren Vernetzung unerlässlich. Cholesterin wird – selbst bei streng vegetarischer Ernährung – auch vom Körper selbst gebildet. Dennoch sollten Kinder eine geringe Menge Cholesterin zum Beispiel über Milchprodukte und Eier zu sich nehmen.

Für die Gehirnentwicklung werden auch die sogenannten Omega-3-Fettsäuren benötigt. Rund ein Drittel

Fisch essen macht schlau

Die US-Gesundheitsbehörde NIH in Bethesda/Maryland unter Leitung von Joseph Hibbeln befragte mehr als 11000 werdende Mütter in der 32. Schwangerschaftswoche zu ihrem Fischkonsum. Im Alter von acht Jahren absolvierten die Kinder dieser Mütter einen Intelligenztest. Das erstaunliche Ergebnis: Je mehr Fisch die Mütter während der Schwangerschaft auf dem Teller hatten, desto besser schnitten ihre Sprösslinge beim Test ab. Sie erzielten deutlich höhere IQ-Werte in den Bereichen soziale Fähigkeiten, Feinmotorik, sprachliche Fähigkeiten und Kommunikation. Auf die »verbale Intelligenz«, also den Wortschatz, den Umgang mit Sprache und die Ausdrucksweise wirkte sich der Fischkonsum besonders günstig aus. Die besten Werte erzielten Kinder, deren Mütter etwa zwei große Portionen Fisch oder auch mehr pro Woche verzehrt hatten. Je weniger Fisch in der Schwangerschaft gegessen wurde, desto größer war das Risiko, dass die Kinder in den Tests schlechter abschnitten und umso häufiger fanden sich die IQ-Werte der Kinder im unteren Viertel wieder (36). Wer in der Schwangerschaft keinen Fisch essen mag, kann einen ähnlichen Effekt auch durch die Einnahme von Fischölkapseln erzielen (34). Fisch macht Kinder deshalb klug, weil er reich an Omega-3-Fettsäuren ist. Diese Fettverbindungen sind, wie schon früher erwähnt, die wichtigsten Baustoffe der Zellwände im Gehirn und deshalb in allen Phasen der Gehirnentwicklung – von der Schwangerschaft bis ins Erwachsenenalter – von besonderer Bedeutung. Da der Organismus diese Fettsäuren nicht selber produzieren kann, müssen sie regelmäßig mit der Nahrung zugeführt werden. Schwangere oder stillende Mütter, die etwas für die Intelligenz des Kindes tun möchten, sollten deshalb auf die Zufuhr der richtigen Fettsäuren achten und wöchentlich zwei Portionen fetten Fisch (z. B. Lachs, Makrele, Hering) essen oder täglich 200 mg Omega-3-Fettsäuren (»Fischöl«) als Nahrungsergänzung einnehmen (52). Aber auch im späteren Leben fördert Fisch die geistige Leistungsfähigkeit. Kinder und Jugendliche, die gerne Fisch essen oder eine Nahrungsergänzung mit Omega-3-Fettsäuren erhalten, haben in der Schule die Nase vorn. Das belegt eine weitere Studie.

Schwedische Forscher befragten mehrere Tausend Teenager zu ihren Ernährungsgewohnheiten, besonders zum Fischkonsum. Einige Jahre später wurde ein Großteil der jungen Erwachsenen zum Militär eingezogen und musste hier einen umfangreichen Intelligenztest absolvieren. Verglich man die Ergebnisse mit den Angaben im Ernährungsfragebogen, stellte sich heraus, dass die Fischliebhaber deutlich höhere IQ-Werte erzielten als die Fischverächter. Auch auf die Ausdrucksfähigkeit und das räumliche Vorstellungsvermögen wirkte sich der regelmäßige Fischgenuss positiv aus. Und das besonders Erstaunliche: Der Zusammenhang von Intelligenz und Fisch war unabhängig vom Bildungsgrad der Eltern (103)!

Schon Kindergartenkinder profitieren von einer Omega-3-Fettsäure-reichen Ernährung (89). Darüber hinaus ließen sich Lern- und Aufmerksamkeitsstörungen bei Schulkindern durch die tägliche Gabe eines Omega-3-Fettsäure-Präparates mindern und das Konzentrationsvermögen und das Verhalten deutlich verbessern. Bereits nach drei Monaten waren Erfolge in der Schreib- und Lesefähigkeit festzustellen (87).

Fisch ist gesund und fördert die Leistungsfähigkeit.

Nicht bei jedem Kind ist die Versorgung mit den »gehirnaktiven« Fettsäuren sichergestellt. Insbesondere die Omega-3-Fettsäuren sind in unserer Ernährung »Mangelware«, denn Fisch kommt insgesamt viel zu selten auf den Tisch. Empfohlen werden auch für Kinder mindestens zwei Fischmahlzeiten pro Woche. Mehr als ein Drittel der Jugendlichen und jungen Erwachsenen essen jedoch nie Fisch, 82 Prozent der Kinder essen weniger als einmal pro Woche Fisch (49).

So essen »kluge Köpfe«

Wie wichtig das Frühstück für Kinder ist, haben wir schon besprochen – lassen Sie Ihr Kind also nicht ohne Frühstück aus dem Haus gehen! Außerdem sollte es schon zum Frühstück ausreichend trinken, am besten Wasser, Saftschorle oder ungesüßten Tee – und auch während des Tages immer wieder daran erinnert werden!

Mit den folgenden Vorschlägen kommt Ihr Kind gut durch den Vormittag. Sie

finden aber auch Empfehlungen für den ganzen Tag.

Power am Frühstückstisch

Das ist gesund und schmeckt:

- Vollkornmüsli, am besten selbst zusammengemischt mit wenig Zucker. Beispiel: Getreideflocken mit den Lieblingsfrüchten Ihres Kindes und/ oder mit Nüssen, zubereitet mit Milch oder Joghurt,

- Vollkornbrot oder Vollkornbrötchen mit fettarmer Wurst, Schinken oder Käse,

- Vollkornbrot oder Vollkornbrötchen mit Erdnussbutter (anstelle der Schokocreme),

- Vollkornbrot oder Vollkornbrötchen mit fettarmem Frischkäse und einem Klecks Marmelade,

- Milch und Milchprodukte (Joghurt, Früchtequark),

- Obst,

- bunter Obstsalat mit einer Handvoll Nüsse und Haferflocken,
- Milchshake für alle Kinder, die morgens nicht »richtig« frühstücken können oder mögen: einfach frische oder tiefgefrorene Fürchte, feine Haferflocken, Milch oder Joghurt im Mixer zu einem Shake vermischen.

Muntermacher für die Pause und Zwischendurch

Das ist gesund und schmeckt:
- Frisches Obst,
- Klein geschnittenes Gemüse,
- Vollkornbrot oder Vollkornbrötchen mit magerem Fleisch, Wurst oder Käse,
- Nüsse, Mandeln, Trockenfrüchte,
- Vollkornkekse.

Treibstoff für den ganzen Tag

Das ist gesund und schmeckt:
- Bringen Sie auch zum Mittag- und Abendessen häufig Vollkornprodukte auf den Tisch (Vollkornbackwaren, Vollkornreis, Nudeln aus Vollkornmehl)!
- Obst liefert langwirkende Kohlenhydrate und ist deshalb eine ideale Ergänzung des Schulfrühstücks. Wählen Sie zusammen mit Ihrem Kind Obstsorten aus, die es liebt.
- Grünes Gemüse ist besonders wichtig für die grauen Zellen – wird aber von den meisten Kindern verabscheut. Verstecken Sie das Gemüse deshalb in pürierten Suppen, Eintöpfen oder Aufläufen.
- Kinder sollten wöchentlich zwei Portionen fetten Fisch essen.
- Bei Kindern, die absolut keinen Fisch mögen oder darauf allergisch reagieren, können Omega-3-Fettsäurereiche Pflanzenöle einen ergänzenden Beitrag zur mentalen Entwicklung leisten. Vor allem Walnussöl, Rapsöl, Leinöl und Sojaöl enthalten diese Fettsäure in hoher Konzentration. Allerdings weiß man, dass die pflanzlichen Omega-3-Fettsäuren (ALA) nicht immer in ausreichendem Maße in die gehirnaktiven Omega-3-Fettsäuren (DHA) umgewandelt werden können. Pflanzenöle reichen deshalb alleine

Burger sind bei vielen Kindern beliebt, sollten aber nicht zu häufig gegessen werden.

nicht aus, um Kindern ausreichende Mengen an Omega-3-Fettsäuren für eine optimale Gehirnentwicklung bereitzustellen, sind aber eine gute Ergänzung.

■ Mit Omega-3-Fettsäuren angereicherte Brote, Brötchen oder Eier können die Versorgung verbessern. Seit kurzer Zeit gibt es auch Fischstäbchen mit einer Extraportion Omega-3-Fettsäuren auf dem Markt. Der normalerweise für Fischstäbchen verwendete Fisch enthält wenig Fischöl.

■ Die Gabe von Kapseln mit Fisch- oder Meeresalgenöl als Nahrungsergänzung scheint in allen Lebensphasen (Schwangerschaft, Stillzeit, Kindes- und Jugendalter) ähnlich wirkungsvoll zu sein wie der Verzehr von Fisch.

■ Fischölkapseln können in den meisten Fällen auch von Fischallergikern eingenommen werden, da sie kein Eiweiß enthalten (sicherheitshalber beim Hersteller nachfragen!! Siehe auch Kapitel »Mikronährstoffe«).

Vorsicht, Schlappmacher

Das sollte Ihr Kind nicht zu oft essen:

■ Weißbrot,
■ zuckerhaltigen Brotaufstrich,
■ einen dicken Brotbelag mit fetter Wurst, fettem Käse,
■ Schokoriegel, zuckerhaltige Müsliriegel,
■ Chips, Flips, Salzstangen,
■ süßes Gebäck, Kekse,
■ Softdrinks mit viel Zucker,
■ Traubenzucker.

6

Mikronährstoffe – wichtige Bausteine für mentale Fitness

> *»Lieber Gott! Mach doch, dass die Vitamine*
> *aus dem Spinat in den Vanillepudding kommen.«*

Unbekannt

Mikronährstoffe sind Bausteine für das Nervensystem. Bei einigen Nährstoffen gibt es enge Zusammenhänge zwischen Versorgung und Schulleistung.

Die wichtigsten Infos haben wir Ihnen in diesem Übersichtskasten zusammengestellt:

Das bringen Mikronährstoffe für den Schulerfolg

- Mikronährstoffe sind Bausteine für das Nervensystem, die im Idealfall alle in der Nahrung enthalten sein sollten.

- Bei einigen Nährstoffen gibt es enge Zusammenhänge zwischen Versorgung und Schulleistung.

- Eine Nahrungsergänzung verbessert nicht bei allen Schülern die schulische Leistungsfähigkeit. Der Effekt ist wahrscheinlich umso größer, je stärker der Mangel an bestimmten Mikronährstoffen ist.

- Schon ein leichter Eisenmangel kann zu schlechteren Leistungen in Tests und zu schlechteren Zensuren führen. Kinder mit Eisenmangel haben doppelt so häufig Mathematiknoten im unteren, schlechten Notenbereich im Vergleich zu Kindern, die gut mit dem Spurenelement versorgt sind.

- Die Zinkversorgung wirkt sich auf Konzentration, Reaktionsfähigkeit und Gedächtnis aus.

- Schon ein leichter Mangel an B-Vitaminen, vor allem Vitamin B$_{12}$ und Folsäure, kann sich auf die geistige Leistungsfähigkeit von Kindern und Jugendlichen nachteilig auswirken.

- Magnesium liefert Energie für körperliche und geistige Leistungen und hat in Stresssituationen einen beruhigenden und ausgleichenden Effekt.

Mikronährstoffe – wichtige Bausteine für mentale Fitness

Ohne das richtige Material nutzt der beste Bauplan nichts

Die Entwicklung eines Kindes – vom Heranreifen im Mutterleib bis zum Ende der Pubertät – lässt sich mit dem Bau eines Hauses vergleichen. Wie das Haus später einmal aussehen wird, ist in der Zeichnung des Architekten bereits festgelegt. Beim Menschen ist dieser Bauplan das Genom, die Erbanlagen. Doch der beste Bauplan nutzt nichts, wenn für die Umsetzung nicht auch hochwertige Baumaterialien verwendet werden oder bestimmte Baustoffe in entscheidenden Bauphasen fehlen. Wenn zum Beispiel der Beton für das Fundament erst dann geliefert wird, wenn schon das Dach gedeckt ist, nutzt er wenig. Ähnlich verhält es sich auch mit der Entwicklung des Kindes, vor allem der Entwicklung des Gehirns. Auch für den »Aufbau« eines Menschen werden bestimmte Baustoffe in bestimmten Entwicklungsphasen benötigt.

Die Erbanlagen geben vor, welche Eigenschaften und Fähigkeiten das Kind entwickeln kann, wenn alles optimal läuft. Wie gut seine Gefäße und das Herz ausgebildet werden, wie gut sich Gehirn oder Immunsystem entwickeln, hängt aber von den äußeren Einflüssen in den entscheidenden Entwicklungsphasen ab. Und hier kommen die Mikronährstoffe ins Spiel. Dazu zählen Vitamine, Spurenelemente, Mineralstoffe, Fettsäuren und sogenannte »sekundäre Pflanzenstoffe«. Für Gesundheit, Wachstum und eine gute Entwicklung der körperlichen und geistigen Fähigkeiten benötigen Kinder diese Bausteine, die im Optimalfall in der Nahrung alle ausreichend und in einem ausgewogenen Verhältnis vorhanden sind. Die beste Grundlage stellt eine Ernährung mit frischem Obst und Gemüse und regelmäßigem Verzehr von Fisch, Vollkornprodukten und Milcherzeugnissen dar. Doch gerade diese Nahrungsmittel stehen bei den meisten Kindern nicht ganz oben auf der Wunschliste für ein leckeres Essen. Und das führt dazu, dass nicht alle Kinder und Jugendliche gut versorgt sind mit den notwendigen Mikronährstoffen.

So ist die Aufnahme von Folsäure, die man vor allem in dem bei Kindern wenig beliebten grünen Gemüse sowie in Getreideprodukten findet, deutlich niedriger als empfohlen. Auch die Vitamin-D-Versorgung ist bei Kindern keineswegs sichergestellt. Vitamin D ist vor allem in fettem Fisch, Milchprodukten und Eiern enthalten, kann aber auch vom Organismus selber gebildet werden, wenn sich die Kinder viel im Freien aufhalten. Daneben besteht vor allem bei den Sechs- bis Elfjährigen ein Mangel an Kalzium (enthalten z. B. in Milchprodukten) und Vitamin E (in pflanzlichen Ölen und Milchprodukten). Auffallend ist die zu geringe Eisenzufuhr bei den meisten Mädchen. Eisen ist in Fleisch und Hülsenfrüchten zu finden. Aber auch die Versorgung mit Zink- und Magnesium ist in den meisten Fällen schlecht (22, 68, 25).

Doch gerade diese Vitalstoffe benötigen Kinder und Jugendliche reichlich für die Entwicklung des Gehirns. Eine gute Versorgung wirkt sich positiv auf Konzentration, Gedächtnis und Schulnoten aus. Was läge nun näher, als alle Kinder mit einem Vitalstoffpräparat zu versorgen? Doch so einfach ist es nicht. In fast allen Untersuchungen zur Einnahme von Mikronährstoffpräparaten und ihrer Auswirkung auf Schulleistungen stellte man fest, dass einige Kinder zwar auffallend stark von der Vitalstoffeinnahme profitierten und Konzentration und geistige Leistungsfähigkeit enorm steigern konnten, sich aber bei anderen Schülern fast keine Effekte zeigten. Wahrscheinlich lassen sich positive Ergebnisse nur dann erzielen, wenn bei den Schülern ein verborgener Mangel an einem oder mehreren Mikronährstoffen besteht, der durch das Präparat ausgeglichen wird. Um bei dem Beispiel des Hausbaus zu bleiben: Ist das Dach gedeckt, wird es durch noch mehr Ziegel auch nicht besser. Es ist allerdings nicht einfach, im Vorfeld herauszufinden, welche Kinder profitieren und bei welchen eine zusätzliche Gabe wirkungslos ist, denn eine Unterversorgung mit bestimmten Mikronährstoffen ließ sich in den Studien meist nicht am Ernährungszustand der Kinder ablesen. Manchmal konnte jedoch mit einer Blutuntersuchung ein Mangel an einzelnen Nährstoffen nachgewiesen werden.

Eine Nahrungsergänzung sollte deshalb prinzipiell kein Ersatz für eine gesunde Ernährung sein, sondern allenfalls die Versorgungslücken und den

Mehrbedarf durch Wachstums- und Entwicklungsphasen schließen oder einen Mangel ausgleichen, der z. B. durch eine Nahrungsmittelallergie oder -unverträglichkeit aufgetreten ist. Am günstigsten ist eine gezielte Substitution, bei der nur die Mikronährstoffe ersetzt werden, die wirklich fehlen. Das setzt aber in vielen Fällen eine Labordiagnostik mit Blutentnahme voraus.

Eisenmangel macht schlechte Schüler

Im April 2010 behinderte eine Aschewolke, die der Ausbruch des isländischen Vulkans Eyjafjallajökull verursachte, den Flugverkehr in Europa. Tausende Flüge mussten storniert werden, darunter auch Frachtflüge, die wichtige Produktionsteile an Firmen liefern sollten. Schon nach wenigen Tagen gab es deshalb in einigen Firmen Kurzarbeit, weil nicht genügend Materialien zur Verarbeitung verfügbar waren. Ein Eisenmangel hat für unseren Körper ähnliche Konsequenzen wie ausfallende Flüge und dadurch fehlende Rohstofftransporte für die Industrie. Eisen ist im Blut für den Transport von Sauerstoff zuständig. Fehlt dieses Spurenelement, wird weniger Sauerstoff zu den Organen transportiert. Besonders unser Gehirn, das einen hohen Sauerstoffbedarf hat, muss dann Kurzarbeit anmelden. Das äußert sich in Müdigkeit, Konzentrationsschwierigkeiten, Kopfschmerzen und einer eingeschränkten körperlichen und geistigen Leistungsfähigkeit. Jedem leuchtet ein, dass Kinder mit diesen Symptomen Probleme haben, dem Schulunterricht zu folgen. Schüler mit Eisenmangel haben deshalb häufig schlechtere Noten als Kinder und Jugendliche mit ausreichend Eisen im Blut. Die amerikanische Neurobiologin Lise Eliot ist sich sicher, dass ein chronischer Eisenmangel »zu irgendeinem Zeitpunkt während der Kindheit (...) die kognitive (geistige) Entwicklung erheblich behindern« kann. Einen direkten Zusammenhang zwischen dem Eisenspiegel im Blut und den Schulleistungen wurde in einer britischen Studie mit 595 Mädchen nachgewiesen. Die Teenager aus drei Londoner Schulen ließen sich zu Studienzwecken den Blut-Eisenspiegel bestimmen. Die Daten wurden mit den Ergebnissen eines Intelligenztests und den Schulnoten verglichen. Das verblüffende Ergebnis: Schon bei einem leichten Eisenmangel waren die Leistungen im Test sowie die Zensuren schlechter (31). Auch amerikanische Wissenschaftler konnten einen Zusammenhang zwischen Eisenversorgung und Schulleistung nachweisen. Von den Kindern mit Eisenmangel hatten doppelt so viele Mathematiknoten im unteren, schlechten Notenbereich im Vergleich zu den Kindern, die gut mit dem Spurenelement versorgt waren (32).

So stellen Sie die Eisenversorgung sicher

Ein Eisenmangel lässt sich durch eine Blutuntersuchung leicht nachweisen. Bei einem Mangel besteht häufig eine »Blutarmut« und der Eisenwert kann verringert sein. Besonders wichtig und aussagekräftig ist aber die Bestimmung des Eisenspeichers, des sogenannten »Ferritins«. In Wachstumsphasen und bei Mädchen mit Beginn der Menstruation steigt der Eisenbedarf deutlich an. In dieser Zeit ist be-

sonders auf eine gute Versorgung mit dem Spurenelement zu achten, das vor allem in rotem Fleisch und Fisch enthalten ist. Zusammen mit Vitamin C kann Eisen besser aufgenommen und verwertet werden. Sinnvoll ist es, einen Salat oder ein Glas Orangensaft zum Essen zu reichen. Orangensaft kann die Eisenaufnahme verdoppeln. Auch rote Säfte (Traubensaft, schwarzer Johannisbeersaft, Himbeersaft) ergänzen die Ernährung sinnvoll, denn sie enthalten gleichzeitig größere Mengen Eisen und Vitamin C.

Kinder, die weder Fleisch noch Fisch mögen, leiden häufiger unter einem Eisenmangel. Auch für Vegetarier ist die Deckung des Eisenbedarfs oft eine echte Herausforderung. Zwar enthalten Hülsenfrüchte, Nüsse und Vollkornprodukte viel Eisen, dieses wird aber vom Körper viel schlechter aufgenommen und verwertet als Eisen aus tierischen Nahrungsmitteln. Während der Körper rund 20 Prozent des Eisens aus Fleisch und Fisch nutzen kann, nimmt er nur rund fünf Prozent des

Grillfleisch mögen die meisten Kinder – und Fleisch liefert besonders viel Eisen.

Eisengehalt ausgewählter, besonders eisenreicher Lebensmittel (mg/100g):

Hirse:	9 mg
Linsen:	7 mg
Bohnen:	6 mg
Erbsen:	5 mg
Knäckebrot:	4,8 mg
Haferflocken:	4,6 mg
Grünkern:	4,2 mg
Spinat:	4 mg
Vollkornbrot:	3,1 mg
Schweinefilet:	3 mg
Rindfleisch (mager):	2,6 mg
Fisch:	1 mg
Dunkel Beeren:	1 mg

Quelle: www.vitalstoff-lexikon.de, DGE

Spurenelements aus pflanzlichen Nahrungsmitteln auf (Burgstein 2007). Nicht immer lässt sich die Eisenversorgung deshalb über die übliche Ernährung sicherstellen. Bei einem nachgewiesenen starken Eisenmangel ist auch – nach Rücksprache mit dem (Kinder-)Arzt – die vorübergehende Gabe kindgerechter Eisenpräparate sinnvoll.

Der tägliche Eisenbedarf eines bis zu 10-jährigen Kindes liegt bei etwa acht bis zehn mg, für ältere Kinder bei etwa zwölf bis 15 mg (DGE-Empfehlung).

Zink macht das Gedächtnis flott

Zink ist ein weiteres Spurenelement, das den Geist in Schwung bringen kann. Es spielt bei zahlreichen Stoffwechselprozessen im menschlichen Körper eine wichtige Rolle. Welche Bedeutung Zink für das Gedächtnis hat, konnte mit einer Studie belegt werden. Mehr als 200 Zwölf- bis 13-jährige tranken zehn Wochen lang jeden Tag ein Glas Saft. Dieser enthielt entweder keinen Zinkzusatz oder zehn bzw. 20 mg des Spurenelements Zink. Zehn Milligramm entsprechen in etwa der Zufuhrempfehlung für diese Altersgruppe. Das Ergebnis: Jugendliche, die eine Nahrungsergänzung mit Zink erhielten, konnten konzentrierter arbeiten, schneller reagieren und schnitten auch in Gedächtnistests besser ab als Mitschüler, die kein zusätzliches Spurenelementpräparat erhielten. Dies zeigte sich besonders deutlich bei Kindern, die jeden Tag 20 mg Zink bekamen (61, 79). Allerdings muss man hier kritisch anmerken, dass es nicht ratsam ist, Kindern täglich über eine längere Zeit das Doppelte der empfohlenen Tagesdosis zu geben. Wir raten deshalb zu einer gemischten Kost und eventuell einer niedrig dosierten Zinkgabe.

So stellen Sie die Zinkversorgung sicher

Zink ist ähnlich wie Eisen vor allem in Fleisch, Meeresfrüchten und Fisch, daneben aber auch in Weizenkeimen und anderen Getreideprodukten enthalten. Während der Wachstumsphasen kann es bei Kindern und Jugendlichen zu einem Zinkmangel kommen. Auch bei einer vegetarischen Ernährung ist die Zinkversorgung nicht in jedem Fall sichergestellt.

Der Zinkbedarf eines Kindes liegt pro Tag bei etwa:

- 5 mg im Alter von 4 bis 6 Jahren,
- 7 mg im Alter von 7 bis 9 Jahren,
- 7–10 mg im Alter von 10 bis 14 Jahren,
- 10 mg ab 15 Jahren.

Quelle: DGE

Zinkgehalt ausgewählter, besonders zinkreicher Lebensmittel (mg/100g)

Schweineleber:	6 mg
Rindfleisch:	4,5 mg
Paranüsse:	4 mg
Haferflocken:	4 mg
Linsen, Sojabohnen getrocknet:	4 mg
Weizenmischbrot:	3,5 mg
Käse (45% Fett i. Tr):	3 bis 4,5 mg
Erdnüsse:	3 mg
Knäckebrot:	3 mg
Walnüsse:	2,7 mg
Lammfleisch:	2,3 mg
Fisch:	1 mg

Quelle: www.vitalstoff-lexikon.de, DGE

B-Vitamine sorgen für Geistesblitze

B-Vitamine werden umgangssprachlich häufig als Nerven- und Gedächtnisvitamine bezeichnet. Tatsächlich erfüllen sie viele Funktionen, die das Denken erleichtern. Sie sorgen für geistige Klarheit, verbessern die Konzentration, sind für die Bildung der schützenden Myelinhülle der Nervenfasern und für die Übermittlung von Nervenimpulsen an das Gehirn notwendig. Daneben sind sie für den Energiestoffwechsel der Nervenzellen sowie für die Bildung von Nervenbotenstoffen wichtig. Aus der großen Gruppe der B-Vitamine spielen vor allem die Vitamine B_1, B_6, B_{12} und Folsäure eine bedeutende Rolle.

Vom Vitamin B_{12} benötigen wir nur unvorstellbar kleine Mengen. Wir brauchen täglich nur wenige millionstel Gramm, im Laufe des Lebens nehmen wir weniger von diesem Vitamin auf, als eine Prise Salz wiegt. Dennoch ist es ausgesprochen wichtig, diese geringen Mengen regelmäßig mit der Nahrung zuzuführen. Bereits ein leichter Mangel reduziert die geistige Leistungsfähigkeit von Jugendlichen deutlich (65). Auch zwischen der Folsäureaufnahme und der Intelligenz bestehen enge Zusammenhänge, die sich schon bei Kindergartenkindern feststellen lassen (2).

Bei Kindern und Jugendlichen ist die ausreichende Versorgung mit Folsäure, Vitamin B_1 und Vitamin B_6 häufig nicht gesichert. Vegetarier haben darüber hinaus oft Probleme, ausreichend Vitamin B_{12} aufzunehmen. Eine Zufuhrerhöhung der entsprechenden Vitamine kann in vielen Fällen selbst dann günstige Effekte haben, wenn nur ein leichter Mangel besteht.

So stellen Sie die Vitamin-B-Versorgung sicher

- Vitamin B_1 ist reichlich enthalten in Vollkornprodukten wie z.B. Hafer, Sonnenblumenkernen, Weizenkeimen, in Bierhefe und Schweinefleisch.
- Vitamin B_6 ist insbesondere in Getreide und Fisch enthalten.
- Vitamin B_{12} findet man in ausreichenden Konzentrationen nur in tierischen Lebensmitteln wie Fleisch, Fisch, Eier, Käse und Milch.
- Die Hauptlieferanten von Folsäure sind grünes Blattgemüse wie Spinat, Weizenkeime, Hülsenfrüchte und Eier.

- Von Vitamin B_6 brauchen ein- bis vierjährige Kinder täglich 0,4 mg, vier- bis sechsjährige 0,5 mg, sieben- bis zehnjährige 0,7 mg, zehn- bis 13-jährige 1,0 mg und ältere Kinder 1,4 mg.

- Der Bedarf an Vitamin B_{12} eines bis zu zehnjährigen Kindes liegt bei etwa 1,8 µg pro Tag, Zehn- bis 13-Jährige benötigen 2,0 µg, ab 14 Jahren 3,0 µg.

- Der Folsäurebedarf liegt für Kinder zwischen einem und drei Jahren bei 200 µg pro Tag, vier- bis neunjährige Kinder benötigen 300 µg, ab zehn Jahren liegt der Bedarf bei 400 µg.

Quelle: D-A-CH Referenzwerte der DGE, 2010

Magnesium lässt Schulstress abblitzen

Magnesium hat bei fast allen Vorgängen im Körper seine Finger im Spiel, denn der Mineralstoff hat zahlreiche Funktionen im Organismus. Er ist überall dort unentbehrlich, wo Energie benötigt wird, zum Beispiel in der Muskulatur. Bei einem Magnesiummangel ist die körperliche Leistungsfähigkeit zum Beispiel im Sportunterricht eingeschränkt. Kinder mit einem niedrigen Magnesiumspiegel benötigen für die gleiche Leistung doppelt bis dreimal so viel Sauerstoff wie gut versorgte Kinder und müssen sich deshalb deutlich mehr anstrengen. Daneben stabilisiert Magnesium die Psyche und hat in Stresssituationen einen beruhigenden und ausgleichenden Effekt. Durch Schulstress kommt es auch bei Kindern zur Ausschüttung der Stresshormone Adrenalin und Noradrenalin. Magnesium reguliert Freisetzung und Abbau dieser Hormone. Fehlt der Mineralstoff, bleiben die Stresshormone länger erhöht, was unter anderem zu Nervosität und Schlafstörungen führen kann. Mehrere Untersuchungen haben zudem günstige Effekte einer ergänzenden Magnesiumgabe beim Hyperaktivitätssyndrom (ADHS) nachweisen können.

So stellen Sie die Magnesiumversorgung sicher

Magnesium ist in Hülsenfrüchten und Vollkornprodukten enthalten. Außerdem kann Mineralwasser – je nach Quelle – recht viel Magnesium liefern. In den meisten Fällen ist die Grundversorgung mit Magnesium deshalb sichergestellt. Bei starkem Stress steigt der Bedarf allerdings deutlich an. Auch zur Behandlung von ADHS sind meist höhere Dosierungen nötig, als in der üblichen Nahrung vorhanden.

Der Magnesiumbedarf eines Kindes ist altersabhängig und liegt pro Tag bei etwa:

- 120 mg im Alter von 4 bis 6 Jahren,
- 170 mg im Alter von 7 bis 9 Jahren,
- 250 mg im Alter von 10 bis 13 Jahren,
- 350 mg bei Jugendlichen ab 14 Jahren.

DGE-Empfehlung

Magnesiumgehalt ausgewählter, besonders magnesiumreicher Lebensmittel (mg/100g)

Naturreis:	160 mg
Haferflocken:	140 mg
Bohnen:	140 mg
Linsen:	130 mg
Erbsen:	110 mg
Knäckebrot:	68 mg
Müsli:	65 mg
Vollkornnudeln:	60 mg
Bananen:	40 mg

Mikronährstoffe, die dem Zappelphilipp helfen

»›Ob der Philipp heute still wohl bei Tische sitzen will?‹ Also sprach in ernstem Ton der Papa zu seinem Sohn und die Mutter blickte stumm auf dem ganzen Tisch herum. Doch der Philipp hörte nicht, was zu ihm der Vater spricht. Er gaukelt und schaukelt, er trappelt und zappelt auf dem Stuhle hin und her. ›Philipp, das missfällt mir sehr!‹« Das Ende der Geschichte dürfte den meisten Kindern und Eltern bekannt sein. In seinem Buch »Der Struwwelpeter« hat der Frankfurter Nervenarzt Heinrich Hofmann bereits vor 150 Jahren die Geschichte über ein hyperaktives Kind, den »Zappelphilipp«, veröffentlicht (41). Auch heutzutage bringen solche Kinder Eltern, Lehrer und Mitschüler oft zur Verzweiflung, denn sie können scheinbar nicht still sitzen, sind unkonzentriert und unaufmerksam. ADHS ist die Abkürzung für »Aufmerksamkeitsdefizit-Hyperaktivitäts-Syndrom«. Schätzun-

Zappelphilippe brauchen ein großes Bewegunysangebot.

gen zufolge leiden zwischen drei und zehn Prozent aller Kinder daran.

Die Ursache vermutet man in einer angeborenen Störung der Gehirnfunktion, die allerdings durch Umweltfaktoren wie Ernährung, Bewegung, Medienkonsum ganz erheblich beeinflusst werden kann. Aus diesem Grund profitiert ein Teil der betroffenen Kinder von einer Veränderung des Lebensstils. Neben einem gezielten, individuellen Bewegungsangebot hilft vielen Kindern eine ausgewogene, vollwertige Ernährung sowie eine zusätzliche Gabe von Mikronährstoffen.

Bei betroffenen Kindern besteht unter anderem ein nachweisbarer Dopaminmangel. Dopamin ist – wie schon beschrieben – ein wichtiger Botenstoff des Gehirns, der für Aufmerksamkeit, Konzentration, Wachheit und das Abspeichern von Informationen benötigt wird. Der Wirkstoff Methylphenidat (Ritalin), der zur Behandlung des ADHS-Syndroms eingesetzt wird, greift in diese Störung ein und erhöht den Spiegel des körpereigenen Dopamins. Aber auch bestimmte Nährstoffe scheinen die gestörten Stoffwechselvorgänge im Gehirn günstig zu beeinflussen.

Jugendliche und Erwachsene mit ADHS weisen in der Regel deutlich niedrigere Omega-3-Fettsäure-Spiegel auf als Gesunde (1). Omega-3-Fettsäuren wirken sich günstig auf den Dopaminspiegel im Gehirn aus. Einige Betroffene – jedoch nicht alle – haben in Studien von einer Gabe von ca. 0,6 Gramm Omega-3-Fettsäuren profitiert. Während sich bei der Gabe von Methylphenidat bereits nach 14 Tagen herausstellt, ob das Mittel die erhoffte Wirkung hat (was nicht immer, aber meistens der Fall ist), lässt sich das bei Omega-3-Fettsäuren erst viel später feststellen. Studienangaben zufolge kann man erst nach einer Behandlungsdauer von drei bis sechs Monaten einen Effekt erkennen, der mit einer erfolgreichen Medikamententherapie vergleichbar ist (87, 23, 94).

Auch der Magnesiumspiegel ist bei Kindern mit ADHS-Symptomatik häufig zu niedrig. Untersuchungen konnten bei rund 60 Prozent der betroffenen Kinder einen Magnesiummangel nachweisen. Dass Magnesium ADHS günstig beeinflussen kann, wurde in einer polnischen Studie belegt. Im Rahmen dieser Untersuchung erhielten 75 Kinder mit ADHS eine Verhaltenstherapie. Eine Gruppe erhielt zusätzlich den Mineralstoff Magnesium. In dieser Gruppe stellten Eltern wie auch Lehrer – anhand einer anerkannten ADHS-Skala – eine deutliche Verbesserung der Aufmerksamkeit und eine Verringerung der Hyperaktivität fest (59, 99). Magnesium hat eine beruhigende und ausgleichende Wirkung auf das Nervensystem, da es den Abbau von Stresshormonen unterstützt.

Bei Kindern mit ADHS konnten Zusammenhänge zwischen niedrigem Eisenspiegel bzw. niedrigen Ferritinspiegeln (=Eisenspeicher) und den ADHS-Symptomen gezeigt werden. Eisen spielt nämlich bei der Bildung von Dopamin eine wichtige Rolle. Wir haben schon berichtet, dass ein Eisenmangel auch bei gesunden Kindern die Konzentrations- und Merkfähigkeit beeinträchtigt und letztendlich somit auch zu schlechten schulischen Leistungen führen kann. In einer Gruppe von betroffenen Kindern zwischen vier und 14 Jahren hatten mehr als 80 Prozent leere Eisenspeicher, in der Kontrollgruppe – bestehend aus Nicht-betroffenen – war das bei weniger als 20 Prozent der Fall. Je niedriger die Ferritinkonzentration, desto ausgeprägter waren auch die Aufmerksamkeitsdefizite und die Hyperaktivitätssymptomatik (53). Nach der Gabe eines Eisenpräparates über insgesamt 12 Wochen besserte sich bei sehr vielen Kindern die ADHS-Problematik, in der Placebogruppe kam es zu keinen Veränderungen. Allerdings profitierte nicht jedes Kind von der Eisensubstitution. Bei manchen, blieben die Effekte aus. Vor einer Eisentherapie empfiehlt sich deshalb die Kontrolle der Eisenspeicher im Blut (53).

Zink ist ein weiteres Spurenelement, das die Zappelphilipp-Symptome häufig günstig beeinflusst. In mehreren Untersuchungen ließen sich durch eine mehrmonatige Zinktherapie verschiedene Symptome der Hyperaktivität, wie Impulsivität, Unaufmerksamkeit und auch gestörtes Sozialverhalten verbessern (3, 8, 18).

Umsetzung im Alltag

■ Mikronährstoffe können eine Option sein, um bei einigen Kindern, jedoch nicht bei allen, die ADHS-Symptome zu lindern.

■ Die Wirkung der Mikronährstoffe tritt langsamer ein als der Effekt einer medikamentösen Therapie. Aus diesem Grund ist Geduld und Durchhaltevermögen wichtig. Eine mindestens drei-, besser sechsmonatige regelmäßige Behandlung ist notwendig, um die individuelle Wirkung einschätzen zu können. Dafür treten keine gravierenden Nebenwirkungen auf.

■ Die Mikronährstoffe können auch ergänzend zu einer medikamentösen Therapie verabreicht werden, hier sollte aber der behandelnde Arzt informiert werden.

■ Diese Vitalstoffe ersetzen nicht einen gesunden Lebensstil und eine ausgewogene Ernährung. Die kleinen »Zappelphilippe« benötigen tägliche ausgedehnte Bewegungseinheiten und eine ausgewogene Ernährung mit Vollkornprodukten, Fisch, Obst und Gemüse. Der Medienkonsum sollte auf ein Minimum reduziert werden. So lässt sich der Effekt der Mikronährstofftherapie noch verstärken.

Sinnvolle tägliche Mikronährstoffgaben bei ADHS

■ 600 mg Omega-3-Fettsäuren (DHA und EPA)
■ 200 bis 250 mg Magnesium
■ 10 mg Zink
■ 10 mg Eisen

7

Ein wichtiges Duo: Schlafen und Lernen

*»Zwei Dinge sollen Kinder von ihren Eltern bekommen:
Wurzeln und Flügel.«*

Johann Wolfgang von Goethe, 1749–1832

Ausreichend Schlaf ist nicht nur wichtig für die körperliche und geistige Erholung, die Nachtruhe kann auch das Lernen wirkungsvoll unterstützen. Wichtige Informationen finden Sie gleich hier in der Übersicht:

Das bringt Schlafen für den Schulerfolg

■ Dem Schlaf kommt beim Lernen eine Schlüsselrolle zu, denn ohne genügend Schlaf kommt es nicht zu einer ausreichenden Verankerung des Lernstoffs im Gedächtnis.

■ Gelerntes bleibt dann am besten in Erinnerung, wenn das Gehirn spätestens nach vier Stunden die Möglichkeit hat, das neue Wissen im Schlaf zu festigen.

■ Schüler, die regelmäßig länger schlafen als ihre Klassenkameraden, haben in der Regel auch bessere Schulnoten. Schüler mit guten und sehr guten Noten schlafen an Schultagen durchschnittlich 25 Minuten länger als ihre Klassenkameraden mit Zensuren im unteren Leistungsbereich.

■ Kurzschläfer können neue Informationen schlechter verarbeiten und im Gedächtnis speichern.

Das Wissen im Schlaf verbessern

Die meisten Kinder, aber auch viele Erwachsene gehen nicht gerne ins Bett, denn sie halten den Schlaf für verlorene Zeit. Dabei kann schlafen sogar Zeit sparen helfen: Am nächsten Tag gehen nicht nur die Arbeiten schneller von der Hand, sondern auch das Lernen fällt leichter. Für die körperliche und geistige Entwicklung von Kindern ist Schlaf ebenso wichtig wie essen, trinken oder sich bewegen. Kinder, die konzentriert und mit möglichst geringem Zeitaufwand lernen wollen, müssen deshalb auch gut und ausreichend schlafen. Man kann mit gutem Gewissen sagen: »Schlaf macht schlau« – und das gleich auf ganz verschiedenen Ebenen. Wer ausgeschlafen hat, ist am nächsten Tag aufmerksamer und insgesamt geistig leistungsfähiger. Daneben hat die Nachtruhe noch eine ganz spezielle Bedeutung fürs Lernen, denn ohne ausreichenden Schlaf bleiben Informationen nicht im Gedächtnis haften. Für eine erfolgreiche Lernunterstützung muss der Schlaf lange genug dauern und sollte nach Möglichkeit zur rechten Zeit erfolgen. Das gilt für Erwachsene ebenso wie für Schulkinder. Uwe Wolfradt, ein Psychologe der Universität Halle, konnte diese Zusammenhänge nachweisen: Schüler, die regelmäßig länger schlafen als ihre Klassenkameraden, hatten in der Regel auch bessere Schulnoten. Kurzschläfer konnten neue Informationen hingegen schlechter verarbeiten und im Gedächtnis speichern (117). Ebenso beeinflusst der Schulbeginn die Leistungsfähigkeit der Schüler. Wer zu früh aufstehen muss, kann sich den ganzen Tag schlechter konzentrieren. Das stellte eine Forschergruppe um Epstein, Schlafwissenschaftler aus Israel, fest. Um herauszufinden, ob frühes Aufstehen Auswirkungen auf die Konzentrationsfähigkeit hat, testeten sie über 800 israelische Schüler zwischen zehn und elf Jahren. Eine Schülergruppe musste bereits um 7.15 Uhr aufstehen, während die andere Gruppe bis 8 Uhr schlafen konnte. Obwohl sich die Aufstehzeiten nur um 45 Minuten unterschieden, litten die Frühaufsteher deutlich häufiger unter Tagesmüdigkeit und Konzentrationsschwierigkeiten. Zu einem ähnlichen Ergebnis kam eine Studie aus den USA: Schüler mit guten und sehr guten

Noten schliefen an Schultagen durchschnittlich 25 Minuten länger als ihre Klassenkameraden mit Noten im unteren Leistungsbereich. Aufgrund dieser Ergebnisse entschied man sich in einem Schulbezirk in Minnesota sogar, den Schulbeginn von 7.15 Uhr auf 8.40 Uhr zu verlegen. Daraufhin verbesserten sich in der Folgezeit die Noten der Schüler (111, 118). Aus diesem Grund fordern auch immer mehr Schlafforscher in Europa einen späteren Schulbeginn. Sicherlich wird dies in nächster Zeit nicht möglich sein. Deshalb bleibt es den Eltern überlassen, darauf zu achten, dass ihre Kinder nachts lange genug schlafen können.

Wie viel Schlaf ist optimal?

Wie viele Stunden wir schlafen müssen, um tagsüber wach und leistungsfähig zu sein, lässt sich nicht für alle Menschen verbindlich sagen. Jeder hat wahrscheinlich sein eigenes Schlafoptimum. Tatsache ist aber, dass Kinder und Jugendliche immer weniger schlafen. Angelo Tremblay von der kanadischen Université Laval stellte fest, dass sich in den letzten 50 Jahren die durchschnittliche Schlafdauer von Jugendlichen um zwei Stunden verringert hat und mittlerweile knapp 40 Prozent der Jugendlichen nachts weniger als sieben Stunden schlafen. In Deutschland haben sich die Schlafgewohnheiten von Kindern und Jugendlichen in den letzten Jahrzehnten in ähnlicher Weise verändert. Sie liegen deutlich unter den Empfehlungen.

Schlafempfehlungen für Kinder und Jugendliche

von

- 3 Monaten: 16–18 Stunden Schlaf,
- 4–5 Monaten: 14–15 Stunden Schlaf,
- 6–12 Monaten: 13 Stunden Schlaf,
- 1–4 Jahren: 12 Stunden Schlaf,
- 5–6 Jahren: 11,5 Stunden Schlaf,
- 7–9 Jahren: 11 Stunden Schlaf,
- 10–11 Jahre: 10,5 Stunden Schlaf,
- 12–13 Jahre: 10 Stunden Schlaf,
- 14–16 Jahre: 9 Stunden Schlaf.

Quelle: www.familienhandbuch.de

Beim Träumen lernt es sich besonders gut

Beim Lernen im Schlaf arbeitet unser Gehirn nach dem Heinzelmännchenprinzip. August Kopisch hat in seinem Märchengedicht »Die Heinzelmännchen zu Köln« sehr schön beschrieben, was darunter zu verstehen ist. Handwerker ließen ihre halb fertigen Werkstücke einfach liegen und legten sich schlafen. Nachts kamen dann die Heinzelmännchen und vollendeten die Arbeiten. Als die Handwerker mor-

97

Die Heinzelmännchen

Wie war zu Köln es doch vordem
mit Heinzelmännchen so bequem!
Denn, war man faul – man legte sich
hin auf die Bank und pflegte sich.
Da kamen bei Nacht,
ehe man's gedacht,
die Männlein und schwärmten
und klappten und lärmten

und rupften
und zupften
und hüpften und trabten
und putzten und schabten.
Und eh' ein Faulpelz noch erwacht',
war all sein Tagewerk bereits gemacht.

August Kopisch

gens erwachten, war die Arbeit schon getan.

So ähnlich müssen wir uns auch die Arbeit des kindlichen Gehirns vorstellen. Es sammelt tagsüber eine Menge Informationen und legt diese dann zunächst im Kurzzeitgedächtnis ab. Damit sie aber dauerhaft erinnerbar bleiben, müssen sie von dort ins Langzeitgedächtnis übertragen werden. Das geschieht, während die Kinder schlafen. Das »Heinzelmännchen«, das diese Aufgabe in der Nacht übernimmt, ist eine Struktur im Gehirn, die »Seepferdchen« (= Hippocampus) genannt wird. Diese Gehirnregion ist am Tag beim Lernen aktiv. Aber auch nachts ruht sie sich nicht aus. Während wir träumen, spielt die »Seepferdchenregion« den Lernstoff noch mehrmals durch und überführt die Lerninhalte nach und nach aus dem Kurzzeit- ins Langzeitgedächtnis. Allerdings ist bisher nur in Ansätzen bekannt, wie das Abspeichern im Gehirn abläuft. Man geht davon aus, dass neue Informationen zunächst im Hippocampus »zwischengelagert« und dann – vor allem im Schlaf – ins Langzeitgedächtnis (Großhirnrinde) überführt werden.

Mit modernen Untersuchungsmethoden kann man dem Gehirn sogar beim Lernen zusehen. Forscher haben festgestellt, dass nachts, während wir träumen, vor allem *die* Gehirnareale sehr aktiv sind, die auch am vorherigen Tag beim Lernen besonders gefordert wurden (108, 67). Dem Schlaf kommt beim Lernen offensichtlich eine Schlüsselrolle zu. Schlafmangel jedoch stört diese »Heinzelmännchen«. Wenn uns die Nachtruhe fehlt, ist gerade die »Seepferdchenregion«, die für das Langzeitgedächtnis wichtig ist, weniger aktiv. Das Gehirn kann dann seine Arbeit nicht ganz vollenden und der Lernstoff wird nicht vollständig abgespeichert (108). Ohne ausreichenden Schlaf findet die Verankerung der Vokabeln oder der Chemieformeln im Gehirn nicht oder nur unzureichend statt.

Kurz- und Langzeitgedächtnis

Der Hippocampus ist Teil des sogenannten »limbischen Systems« und verantwortlich für das »Durchlassen« von Inhalten aus dem Kurz- ins Langzeitgedächtnis. Er ist quasi der Türsteher des Gedächtnisses, der nur den Lernstoff durchlässt, der ihm zusagt. Spannende oder erfreuliche Informationen werden gerne eingelassen, »Langweiler« müssen meistens draußen bleiben. Abwechslung und Überraschungen halten diesen »Gedächtnistürsteher« bei Laune und er ist dann schneller bereit, Lernstoff ins Langzeitgedächtnis zu überführen. Wollen zu viele Informationen gleichzeitig ins Langzeitgedächtnis, macht der Türsteher zu und weist die meisten Informationen ab. Wie es für Türsteher üblich ist, arbeitet der Hippocampus vor allem nachts. Lernstoff bleibt im Kurzzeitgedächtnis zunächst nur vorläufig für wenige Minuten bis einige Stunden zwischengelagert. Nur wenn der Hippocampus eine Notwendigkeit sieht, die Informationen dauerhaft zu sichern und ihm gleichzeitig die Möglichkeit gegeben wird, die Informationen aus dem Kurz- in das Langzeitgedächtnis zu transferieren, bleiben sie langfristig hängen. Um Inhalte auf Dauer im Gehirn zu verankern, sind Zeit, eine begrenzte Informationsmenge, Spaß am Lernstoff und Pausen zwischen den einzelnen Lerninhalten nötig. Eine wichtige Voraussetzung für einen reibungslosen Datentransfer ist ausreichend Schlaf. Eine Flut zusätzlicher Informationen (z. B. Dauerfernsehen) während der »Speicherphase« kann zu einer Überlagerung und Löschung des Lernstoffs führen (5).

Wie kommen die Vokabeln nachts ins Gehirn?

»Leg doch das Buch heute Nacht unters Kopfkissen! Dann kannst du morgen die Vokabeln.« Das empfehlen manche Eltern augenzwinkernd ihrem Nachwuchs, wenn am nächsten Tag eine Arbeit ansteht. Leider reicht bekanntlich diese einfache Maßnahme nicht aus, um den Test am nächsten Morgen zu schaffen. Besonders wirkungsvoll ist aber tatsächlich das Lernen bzw. Wiederholen von Lernstoff am Abend – zum Beispiel kurz vor dem Zubettgehen. Seit mehr als 80 Jahren weiß man, dass neue Inhalte besser in Erinnerung bleiben, wenn sie direkt vor dem Schlafen noch einmal durchgelesen oder vorgelesen werden (45). Auf diese Weise kann man sich am nächsten Tag besser an das Gelernte erinnern. Offensichtlich weiß unser Gehirn 24 Stunden später mehr als direkt nach dem Lernen. Das funktioniert allerdings nur, wenn wir in der dazwischen liegenden Nacht ausreichend geschlafen haben (108, 102). Denn Lernen – und das sollte man auch beim Üben oder bei der Vorbereitung einer Klassenarbeit berücksichti-

gen – hilft nur bis zu einem gewissen Punkt, danach wird man trotz weiterer Bemühungen nicht mehr besser. Eine Steigerung des Lernerfolgs ist dann nur durch einen tiefen Schlaf zu erzielen. Das zeigt ein Versuch, in dem die Teilnehmer Tasten in einer bestimmten Reihenfolge und möglichst schnell hintereinander drücken sollten. Zu Beginn verbesserten sie sich durchs Üben tatsächlich. Nach einer bestimmten Zeit stagnierte der Lernerfolg und die Leistungen ließen sich auch durch noch so viel Training nicht mehr steigern. Erfolge stellten sich erst am nächsten Morgen ein: Nach einem ausgiebigen Schlaf funktionierte die Tastenübung erheblich besser als am Tag zuvor. Doch wann ist die beste Zeit zum Lernen und Schlafen? Die amerikanischen Schlafexperten Matthew Walker und Robert Stickgold konnten in verschiedenen Studien zeigen, dass man Gelerntes dann am besten behält, wenn das Gehirn spätestens nach vier Stunden die Möglichkeit hat, das neue Wissen im Schlaf zu festigen. Dann konnten sich die Studienteilnehmer fast 40 Prozent mehr merken, als Personen der Kontrollgruppe, denen keine Schlafpause vergönnt war (101).

Die Schlafphasen und ihre Bedeutung für das Lernen

Im Schlaf ist das Bewusstsein ausgeschaltet. In diesem Zustand verarbeitet, speichert und sortiert das Gehirn die Ereignisse des vergangenen Tages. Wir wechseln aus dem Wachzustand über eine kurze Phase der Schläfrigkeit in den Tiefschlaf, um später in den REM-Schlaf zu kommen. »REM« steht für »rapid eye movements«, denn in diesem Schlafstadium bewegen sich die Augäpfel unter den geschlossenen Lidern hin und her. Danach folgt wieder eine Tiefschlafphase. Dieser Wechsel der Schlaftiefe erfolgt mehrmals während der Nacht. Alle Schlafphasen sind notwendig, um Informationen im Gehirn zu speichern und Gelerntes ins Langzeitgedächtnis aufzunehmen. Offensichtlich haben die einzelnen Phasen auch Einfluss auf die gespeicherten Inhalte. Im Schlaf festigen sich nicht nur »Wissensinformationen« wie Gedichte oder Namen von Hauptstädten, sondern auch Bewegungsabläufe. Die Verarbeitung und Speicherung von Wissensinhalten scheint bevorzugt im Tiefschlaf stattzufinden, der vor allem

in den ersten Schlafstunden dominiert. Motorische Fähigkeiten wie sie zum Schreiben lernen, aber auch für Bewegungsabläufe im Sport notwendig sind, werden hingegen überwiegend in den traumreichen REM-Schlafphasen im Gehirn verankert. Beeinträchtigungen des Schlafs in bestimmten Schlafstadien erschweren das Lernen: Treten Schlafstörungen, z. B. mehrmaliges Aufwachen in der ersten Hälfte des Nachtschlafs auf, dann beeinträchtigt das vor allem das Behalten von Wissensinhalten. Zu frühes Aufstehen, also eine Verkürzung der REM-Phase wirkt sich ungünstig auf das Lernen von Bewegungsabläufen aus (108, 112).

Die häufigsten Schlafräuber

- Schulprobleme, Prüfungsangst,
- zu viel und zu spätes Fernsehen,
- Bewegungsmangel,
- Ärger mit Freunden,
- koffeinhaltige Getränke (Cola, Cola-Mix, Eistee – enthält meist koffeinhaltigen Schwarztee) oder stark zuckerhaltige Lebensmittel machen wach, wenn sie noch am späten Nachmittag oder gar am Abend verzehrt werden,

■ fehlende Müdigkeit; die Kinder soll-ten zur »Zubettgeh-Zeit« ausrei-chend müde sein, um bald einschla-fen zu können. Das fällt vor allem am Wochenende (Sonntagabend) schwer, wenn die Kinder lange aus-geschlafen haben.

Schlafstörungen – Fernsehen und Schulstress sind die häufigsten Ursachen

Schlafmangel beeinflusst die Lernleis-tungen auf unterschiedlichen Ebenen. Einerseits leiden Konzentration und Aufmerksamkeit, andererseits kann das Gehirn Informationen des Tages nicht dauerhaft abspeichern. Deshalb ist es bedenklich, dass inzwischen zehn bis 20 Prozent aller Kinder gelegentlich unter leichten Schlafstörungen leiden und bei weiteren sechs bis zehn Pro-zent schwere Beeinträchtigungen der Nachtruhe bestehen. Ursachen können Schulstress, Ärger mit Freunden, aber auch Bewegungsmangel sein. Organi-sche Gründe liegen selten vor. Die Hauptursache für schlechten Schlaf bei Kindern und Jugendlichen ist aber der unkontrollierte Medienkonsum,

vor allem, dass sie zu viel fernsehen. Im Schnitt verbringen Schulkinder Tag für Tag rund zwei Stunden vor dem Fern-sehgerät. Die Zusammenhänge zwi-schen dem täglichen Medienkonsum und der Entstehung von Schlafstörun-gen sind inzwischen gut belegt. Kin-der, die sich täglich mehr als zwei Stunden vom Fernseher berieseln las-sen, werden nachts öfters wach als Kinder, die weniger lang vor dem TV-Gerät sitzen (46). In dieser Gruppe be-finden sich auch die meisten Kinder mit den schwersten Schlafstörungen (76). Einen besonders fatalen Einfluss auf den Schlafrhythmus hat das Fern-sehen kurz vor dem Zubettgehen. In-zwischen hat ein Drittel der 9- bis 13-Jährigen ein eigenes Gerät im Zimmer – und in dieser Gruppe lassen sich Schlafstörungen, Albträume so-wie Konzentrationsschwäche und vor allem Leistungseinbußen in der Schule besonders häufig feststellen (46). Die österreichischen Wissenschaftler Kers-tin Hödlmoser und Manuel Schabus vom Fachbereich Psychologie an der Paris-Lodron-Universität in Salzburg haben festgestellt, dass Kinder, die di-rekt vor dem Schlafengehen noch Fern-sehsendungen anschauen oder am

Computer spielen, häufig unter Angst machenden Träumen leiden. Auch Kinder, die beim Spielen täglich mehr als zwei Stunden einem eingeschalteten Fernseher im Raum ausgesetzt sind, schlafen extrem schlecht (76).

Zu großer Medienkonsum kann zu Schlafstörungen führen.

Umsetzung im Alltag

Wie Kinder abends gut einschlafen können, wussten schon unsere Eltern und Großeltern. An den Ritualen zum Einschlafen hat sich bis heute nichts geändert. Einige weitere Empfehlun-

gen sind allerdings, angepasst an unsere moderne Zeit, dazugekommen.

■ Kinder lieben Rituale und auch festgelegte Zeiten in ihrem Leben. Diese sind wichtig zum besseren Verständnis ihrer Welt und geben ihnen Handlungssicherheit und Ruhe. Deshalb sollten sie, von wenigen Ausnahmen abgesehen, immer zur gleichen Zeit ins Bett gehen.

- Unterschätzen Sie die Auswirkungen von scheinbar kleinen Problemen auf den Schlaf der Kinder nicht. Sie können den Schlaf beeinträchtigen. Lassen Sie deshalb Ihre Kinder nicht mit ungelösten Konflikten ins Bett gehen. Versuchen Sie gemeinsam, noch vor dem Einschlafen, eine Lösung zu finden.

- Für einen guten Schlaf ist die Schlafumgebung wichtig. Das Schlafzimmer sollte deshalb der ruhigste Platz im ganzen Haus sein. Es muss abgedunkelt und vor dem Einschlafen für eine kurze Zeit gelüftet werden. Wichtig ist auch die Zimmertemperatur: Diese sollte idealerweise zwischen 18 und 19 °C betragen.

- Schlaf stellt sich nicht auf Knopfdruck ein. Er muss gut vorbereitet werden, wenn er gelingen soll. Langsam und ohne Hektik müssen sich Körper und Gedanken auf die Nachtruhe einstellen. Ruhige Musik oder Geschichten zum Einschlafen helfen dabei.

- Kinder sollten in den letzten beiden Stunden vor dem Schlafengehen nicht mehr fernsehen oder am Computer spielen. Jugendliche sollten mindestens eine Stunde vor dem Schlafengehen Computer und Fernseher ausschalten. Beides stört nachweislich einen ruhigen Schlaf. Auf gar keinen Fall sollte der Fernseher als Einschlafhilfe genutzt werden.

- Im Kinderzimmer hat ein Fernseher nichts zu suchen.

- Verzichten Sie tagsüber auch auf eine passive TV-Berieselung. Der Fernseher sollte ausgeschaltet werden, wenn niemand aktiv schauen will. Vor allem auf das Schlafverhalten von Kleinkindern hat ein ständig eingeschalteter Fernseher negative Auswirkungen.

- Kinder sollten, wann immer möglich, morgens ausschlafen. Das ist besonders für Jugendliche wichtig. Durch die Pubertät ändert sich das Schlafmuster, sodass sich bei vielen während der Schulwoche ein Schlafdefizit aufbaut. Am Wochenende kann versäumter Schlaf dann teilweise nachgeholt werden.

8

Musik, Musik... auch gut fürs Gehirn

> *»Die Musik aber ist der wichtigste Teil der Erziehung:*
> *Rhythmen und Töne dringen am tiefsten in die Seele*
> *und erschüttern sie am gewaltigsten.«*

Platon (griechischer Philosoph, geb. 427 v. Chr.)

Musizieren ist nicht nur ein wunderbares Hobby, sondern hat auch Auswirkungen auf die geistige Entwicklung. Was Musik alles bewirken kann, finden Sie hier schon einmal im Übersichtskasten:

Das bringt Musizieren

Selber Musik zu machen
- steigert die Lernbereitschaft,
- verbessert die Konzentrationsfähigkeit,
- scheint sich vor allem auf das räumlich-zeitliche Denken günstig auszuwirken,
- verbessert die schulischen Leistungen,
- fördert Sozialverhalten, emotionale Kompetenz und Stabilität und
- beeinflusst die Intelligenzentwicklung positiv.

Der »Mozart-Effekt«

»Wer mit Musik ins Leben startet, bereichert dadurch all seine späteren Tätigkeiten«, stellte der ungarische Komponist und Musikpädagoge Zoltán Kodály schon vor fast 100 Jahren fest. Die moderne Hirnforschung bestätigt das. Sowohl Musik hören als auch Musik machen wirken sich günstig auf Konzentration und Schulleistungen aus. Besonders Musikstücke von Mozart sollen die Intelligenz von Kindern fördern. So jedenfalls konnte man es in zahlreichen Zeitschriften lesen. Diese Hinweise veranlassten werdende Mütter, ihren Nachwuchs schon im Mutterleib mit Mozartmusik zu beschallen. Ausgelöst wurde der Trend von einer Gruppe Neurowissenschaftlern an der University of California in Irvine, USA. Diesen war aufgefallen, »dass musikalische Menschen auch auf Gebieten begabt sind, die eine räumlich-zeitliche Verarbeitung verlangen, wie Mathematik, Schach oder Technik«. (24). Doch selbst das Hören von Musik kann schon ähnliche Effekte haben. In einer Studie mit College-Studenten wurde dies bestätigt. Die Studenten wurden eingeteilt in drei Gruppen, die jeweils zehn Minuten unterschiedliche Musik hören mussten. Die erste Gruppe hörte Klaviersonaten von Mozart, die zweite Entspannungsmusik und die dritte Gruppe saß zehn Minuten in einem ruhigen Raum ohne störende Nebengeräusche. Direkt nach dieser Vorbereitung mussten alle Teilnehmer Aufgaben lösen, die Auskunft über ihr räumliches Vorstellungsvermögen gaben. Bei diesem IQ-Test erzielte die Mozart-Gruppe im Schnitt neun Punkte mehr als die beiden anderen Gruppen. Der Musikeffekt lässt sich auch gezielt einsetzen. Leise Hintergrundmusik während der Hausaufgaben kann die Arbeitsleistung in vielen Fällen verbessern. Wichtig ist aber, dass die Kinder das wünschen und sich nicht gestört fühlen. Eine Untersuchung der TU Dortmund wies nach, dass Musik Schüler offensichtlich nicht vom Lernen ablenkt. Insgesamt kann das Hören von Musik die allgemeine Leistungsbereitschaft für eine kurze Zeit erhöhen. Und

das scheint unabhängig von Mozarts Sonaten zu sein. Wahrscheinlich kommt es dabei nämlich gar nicht auf eine bestimmte Musik an. Offensichtlich führt fast jede Musik, die dem Hörer gefällt, zum gewünschten Erfolg (113).

Musik ist gut fürs Köpfchen

Musik macht nicht nur Spaß, sie fördert auch die Persönlichkeitsentwicklung von Kindern. Vor allem aktives Musizieren führt zu einer Verbesserung des Sozialverhaltens sowie bestimmter geistiger Fähigkeiten. Aktives Musizieren fördert die emotionale Intelligenz und kann helfen, Aggressionen abzubauen. Daneben kann Musik machen wahrscheinlich auch die allgemeine Intelligenzentwicklung von Kindern positiv beeinflussen. Das legt eine Untersuchung nahe. Dabei erhielten drei- bis fünfjährige Kinder entweder ein halbes Jahr lang regelmäßig Klavier-Einzelunterricht und lernten in dieser Zeit auch leichte Stücke von Mozart und Beethoven spielen oder sie bekamen täglich privaten Computer- oder Gesangsunterricht. Eine vierte Gruppe lebte ohne Zusatzprogramm weiter wie bisher. Am Ende der Testphase kam es nur in der Klaviergruppe zu einer deutlichen Verbesserung im Lösen räumlich-zeitlicher Aufgaben (z. B. ein Puzzle zusammenlegen). Die drei anderen Gruppen wiesen dagegen keinerlei Leistungsverbesserungen auf. Die Fähigkeit räumlich-zeitlich zu denken, ist wichtig für das mathematische und technische Verständnis. Andere Autoren stellten eine Verbesserung der allgemeinen Intelligenz durch aktives Musizieren fest (113).

Mehr Musikunterricht, bitte!

Der Musikwissenschaftler Hans Günther Bastian, Professor für Musikpädagogik an der Universität Frankfurt konnte in einer vom Bundesministerium für Bildung und Forschung geförderten Langzeitstudie, die in den Jahren 1992 bis 1998 an »Berliner Grundschulen mit musikbetonten Zügen (zweistündiger Musikunterricht, Erlernen eines Instruments, Musizieren im Ensemble) und an zwei Vergleichsschulen mit konventionellem einstündigen Musikunterricht« durchgeführt wurde, interessante Ergebnisse für die Schulen mit verstärktem Musikunterricht vorlegen. Die Schüler dieser Schulen verfügten über eine bessere soziale Kompetenz und eine bessere soziale Reflexionsfähigkeit. Darüber hinaus wurde ein Zusammenhang zwischen »zunehmender Musikalität« und Intelligenz festgestellt. Besonders Kinder mit Konzentrationsstörungen profitierten von zusätzlichem Musikunterricht. Bastian ist sich sicher, dass sowohl Musik hören als auch Musik machen die Verbindung zwischen den Hirnhälften fördert. Das Gehirn kann sich »ganzheitlicher« entwickeln, wodurch die Leistungsfähigkeit in allen Bereichen erhöht wird. Die Vorteile liegen für ihn auf der Hand: Kreativität, Konzentration, Teamfähigkeit, Sozialverhalten, emotionale Stabilität und Intelligenz werden eindeutig durch verstärkte musikalische Erziehung verbessert (107). Zu bedenken ist allerdings, dass Musizieren viel Zeit in Anspruch nimmt und sich der Erfolg in der Schule wahrscheinlich nur einstellt, wenn Kinder freiwillig und mit Begeisterung Musik machen.

Selber Musik zu machen ist besonders gut fürs Köpfchen.

Umsetzung im Alltag

- Die meisten Eltern führen ihr Kind ganz automatisch an die Musik heran, wenn sie ihrem Kind ein Schlaflied vorsingen, mit ihm einen Takt klatschen oder aus einer Spieluhr eine Melodie erklingen lassen.
- Ab dem Kindergartenalter kann – wenn Ihr Kind das möchte – eine musikalische Früherziehung spielerisch zur Musik hinführen.
- Bei der Wahl des Instrumentes und des Musiklehrers sollten die Interessen des Kindes und nicht die der Eltern im Vordergrund stehen. Bedenken Sie, dass aktives Musizieren – ähnlich wie Sport treiben – nur dann etwas bringt, wenn das Kind sich freiwillig dafür entscheidet und es ihm Spaß macht.
- Beim aktiven Musizieren kommt es zu einer Steigerung der Konzentrationsfähigkeit, der Kreativität und des räumlichen Vorstellungsvermögens. Es fördert Teamfähigkeit, emotionale Kompetenz sowie Ausdauer und Selbstvertrauen. Dabei ist es vollkommen unerheblich, welches Instrument gespielt wird.
- Zeigen Sie Interesse, hören Sie Ihrem Kind zu, wenn es ein neues Stück eingeübt hat (auch wenn das am Anfang vielleicht noch kein Hörgenuss ist).
- Auch Musikhören hat günstige Effekte auf die Lern- und Leistungsmotivation. Lassen Sie Ihre Kinder ihre Lieblingsmusik hören. Das entspannt und bringt Körper und Geist ins Gleichgewicht. Musikhören setzt Energien frei, die für verschiedene Aktivitäten, auch fürs Lernen, genutzt werden können.
- Hintergrundmusik während der Hausaufgaben kann die Arbeitsleistung in vielen Fällen verbessern – was für die meisten Eltern erstaunlich klingt. Eine Untersuchung der TU Dortmund wies nach, dass Musik Schüler offensichtlich nicht vom Lernen ablenkt. Wichtig ist aber, dass die Kinder selber danach verlangen und sich durch die Musik nicht gestört fühlen.

9

Zuviel fernsehen gefährdet den Schulerfolg

>*»Wahre Erziehung bedeutet zu lernen, wie man denkt, nicht was man denkt.«*

Jiddu Krishnamurti, indischer Philosoph, 1895–1986

Medien sind aus der Umwelt der Kinder nicht mehr wegzudenken. Einen ersten Überblick, wie Medienkonsum und Schulerfolg zusammenhängen, finden Sie gleich zu Beginn dieses Kapitels.

Das bringt ein kontrollierter Medienkonsum für den Schulerfolg

- Schulerfolg und Fernsehkonsum sind eng miteinander verbunden.

- Ein übermäßiger Fernsehkonsum wirkt sich eindeutig negativ auf die Schulnoten, vor allem in Deutsch und Mathematik, aus.

- Wird der Fernseher gleich nach der Schule »zur Entspannung« eingeschaltet, wird weniger Schulstoff behalten, denn die Bilderflut behindert das Abspeichern von Lerninhalten.

- Je mehr Zeit Kinder und Jugendliche vor dem Fernseher verbringen, desto größer ist das Risiko, dass sie als Erwachsene nur einen niedrigen Bildungsabschluss erlangen.

- Aber: Auch völlige Fernsehabstinenz ist nicht gut für die Schulleistungen. Am besten schneiden Kinder mit einem gemäßigten Fernsehkonsum und einer gezielten Auswahl der Sendungen ab.

Mehr Fernsehzeit als Schulunterricht

In unserer Gesellschaft ist der Umgang mit den unterschiedlichen Medien wichtig, für Schüler sind sie mittlerweile sogar unumgängliches Arbeitsgerät. Informationen stehen nicht nur in der Zeitung, sondern sind schneller und aktueller im Internet abzurufen. Aber auch hier gilt natürlich – frei nach Paracelsus –, dass allein die Dosis dafür verantwortlich ist, ob Medienkonsum mehr nutzt oder schadet. Bezüglich der Menge des Medienkonsums sind die meisten Kinder völlig überdosiert. So haben amerikanische Kinder bis zum Schulabschluss etwa 14 000 Stunden in der Schule und 16 000 bis 20 000 Stunden vor dem Fernseher verbracht (73). In Deutschland ist die Situation wahrscheinlich noch nicht ganz so extrem. Legt man jedoch die Daten der Bundeszentrale für gesundheitliche Aufklärung zugrunde, haben auch hierzulande die meisten Kinder bis zur Einschulung schon mehr als 1000 Stunden in die »Röhre« geschaut und erreichen bis zum Ende der Schulzeit leicht 10 000 Stunden vor dem Fernsehgerät. Hinzu kommen noch zahlreiche Stunden am Computer oder vor der Playstation. Die Mediennutzung nimmt inzwischen in der Freizeitgestaltung von Kindern und Jugendlichen einen breiten Raum ein. Die meisten sehen täglich fern. Jeder Zweite verbringt ein bis zwei Stunden vor dem TV-Gerät, ein Fünftel sogar drei und mehr Stunden. Ein Viertel der Erstklässler (Sechs- bis Siebenjährige) und ein Drittel der Viertklässler haben einen eigenen Fernseher (51, 80). In der Regel erhöht das eigene TV-Gerät im Kinderzimmer die Zeit, die Tag für Tag vor dem Fernseher verbracht wird und reduziert gleichzeitig die Möglichkeiten der Eltern, das Fernsehverhalten zu kontrollieren und entsprechend auf den Nachwuchs einzuwirken.

TV-Marathon verschlechtert die Schulnoten

»Je mehr Zeit Schülerinnen und Schüler mit Medienkonsum verbringen und je brutaler dessen Inhalte sind, desto schlechter fallen die Schulnoten aus«, so die eindeutige Aussage von Christian Pfeiffer vom Kriminologischen Forschungsinstitut Niedersachen (80). Denn Schulerfolg und Fernsehkonsum sind eng miteinander verbunden. Fernsehkonsum in jungen Jahren hinterlässt nachhaltige Spuren, die sich später im Zeugnis negativ niederschlagen. Bei Vielsehern leiden sowohl die Deutschnoten als auch die Mathematiknoten. Kinder, deren täglicher Fernsehkonsum drei und mehr Stunden beträgt, sehen vor allem »wenig hoch bewertete Sendungen« wie etwa nachmittägliche Talkshows. Diese Sendungen sind nicht gerade ein »Hort der deutschen Sprachkultur«. Kinder, die täglich nur rund eine Stunde vor dem Fernsehgerät sitzen, schauen sich hingegen häufiger Tierfilme oder kindgerechte Wissensendungen an. Für den Studienleiter Michael Myrtek ist das ein Zeichen, dass bei diesen Kindern die Familie den Fernsehkonsum kontrolliert und steuert. Und da der Tag nun einmal nur 24 Stunden zur Verfügung hat, geht der Fernsehkonsum zulasten anderer Aktivitäten wie Sport treiben, musizieren, lesen, gute Gespräche führen oder sich mit Freunden treffen (73). Kinder, die bereits in der Vorschul- und Kindergartenzeit zwei und mehr Stunden vor der »Glotze« verbringen, hin-

ken am Ende der Grundschule vor allem in Mathe hinter ihren Mitschülern her (77). Schon an den gemalten Bildern von Vorschulkindern lässt sich in vielen Fällen der Umfang des täglichen Fernsehkonsums ablesen. Der Göppinger Kinderarzt Peter Winterstein und sein Kollege Robert Jungwirth ließen rund 1900 Vorschulkinder einen Menschen zeichnen. Bei der Auswertung des »Mensch-Zeichen-Tests« (MZT) kam es nicht aufs Zeichentalent an, sondern auf die Vollständigkeit der Darstellung. Für Merkmale wie Haare, Ohren, Hals oder richtige Anzahl der Finger gab es jeweils einen Punkt. Die besten Ergebnisse, nämlich 10,4 von 13 möglichen Punkten erzielten Vorschüler, die maximal eine Stunde täglich fernsahen. Diese Kinder malten meistens sehr »vollständige« Figuren. Kinder mit einer mehr als dreistündigen Mediennutzung konnten durchschnittlich nur noch 6,4 Punkte erzielen. Die Männchen der Kinder waren fast alle unvollständig, wichtige Details fehlten (116). Interessanterweise schnitten auch Kinder rauchender Eltern im Zeichentest schlechter ab. Je mehr die Eltern rauchen bzw. je früher ein Kind der Nikotinbelastung ausge-

Typische Mensch-Zeichnungen von Vorschulkindern

a) aus Nichtraucherfamilie mit einer täglichen Fernsehdauer von maximal 60 Minuten,
b) bei einem täglichen Fernsehkonsum von mindestens drei Stunden,
c) bei einem Nikotinabusus der Eltern von mindestens 20 Zigaretten täglich.

setzt wird, desto gravierender sind die Folgen, die sich hier im Zeichentest niederschlagen.

Medienflut löscht Lernstoff

Täglich mehrstündiger Fernsehkonsum hat Auswirkungen bis ins Erwachsenenalter. Im neuseeländischen Dunedin, einer Stadt auf der Südinsel, erfasste man alle Kinder, die zwischen April 1972 und März 1973 geboren worden waren. In regelmäßigen Abständen wurden diese rund 1000 Kinder bzw. deren Eltern nach dem TV-Konsum befragt. Das Ergebnis: Je mehr Zeit die Teilnehmer in der Kindheit bzw. Jugend vor dem Fernseher verbracht hatten, desto niedriger war ihr Bildungsniveau im Alter von 26 Jahren (33). Doch wie kann es sein, dass der Fernseher einen so großen Einfluss auf die Lernleistungen haben kann? Besonders gut bleiben uns Dinge im Gedächtnis, die wir mit mehreren Sinnen erfahren haben. Im Idealfall werden alle Sinne, nämlich hören und sehen, aber auch riechen, fühlen, schmecken und auch der »Bewegungssinn« eingesetzt. Fernsehen, Computer oder Playstation liefern aber immer nur zweidimensionale Welten. Bei Kindern, die den größten Teil Ihrer »Umwelt-Erfahrungen« vor dem Fernsehgerät oder am Computer machen, werden deshalb wichtige Nervenverbindungen gar nicht erst angelegt und diese fehlen dann im späteren Leben (98). Wird der Fernseher gleich nach der Schule »zur Entspannung« eingeschaltet, geht zudem eine ganze Menge Schulstoff verloren, denn die Bilderflut behindert das Abspeichern von Lerninhalten. Frisch angeeigneter Lernstoff befindet sich zunächst noch im Kurzzeitgedächtnis und somit in einem »instabilen« Zustand des Merkens und Behaltens. Wenn die gerade erst verstandene Mathematikformel sofort nach dem Unterricht durch eine Flut von Informationen aus den Medien überlagert wird, ist ihre dauerhafte Abspeicherung mehr als fraglich. Folgen zu viele »Inputs« direkt hintereinander, wissen die Nervenzellen nicht mehr, was sie abspeichern sollen (98, 5). Wer aktive Kinder ohne Schulprobleme möchte, sollte den Fernsehkonsum deshalb deutlich einschränken. Allerdings – und das mag nun am Ende dieses Kapitels viele Eltern beruhigen: Kinder, die nie fernsehen, schneiden nicht automatisch besonders gut in der Schule ab, denn in Maßen und abhängig von den gewählten TV-Programmen liefert das Fernsehen Kindern auch wichtige Informationen und trägt zur Bildung bei. Gegen einen mäßigen Fernsehkonsum ist deshalb nichts einzuwenden – diese Kinder bringen die besten Voraussetzungen für den Schulalltag mit.

Medienkonsum in Zahlen

95,9 Prozent der 11–17-Jährigen sehen täglich fern,

22 Prozent (Jungen) bzw. 23,6 Prozent (Mädchen) verbringen täglich drei und mehr Stunden vor dem TV-Gerät,

53 Prozent (Jungen) bzw. 50 Prozent (Mädchen) schauen jeden Tag ein bis zwei Stunden fern,

23 Prozent der Erstklässler (6–7 Jahre) haben einen eigenen Fernseher im Kinderzimmer,

36 Prozent der Viertklässler (9–10 Jahre) verfügen über ein eigenes Fernsehgerät.

Quellen: KIM-Studie 2002, Robert Koch Institut 2008

Umsetzung im Alltag

■ Treffen Sie genaue Vereinbarungen, wie lange und wann ferngesehen werden darf und welche Sendungen angesehen werden dürfen. Achten Sie darauf, dass die Vereinbarungen eingehalten werden.

■ Benutzen Sie das Fernsehen nicht als Druckmittel, als Belohnung oder als Strafe und setzen Sie das Fernsehgerät auch nicht als »elektronischen Babysitter« ein.

■ Ein Fernseher gehört nicht ins Kinderzimmer. Auch wenn sich dadurch mancher Streit um die Programmwahl leichter beilegen lässt, so können TV-Auswahl und Dauer nur noch schwer durch die Familie kontrolliert werden.

■ Fernsehen, Computer und Playstation sollten die Freizeitaktivitäten von Kindern und Jugendlichen nicht beherrschen. In jedem Fall sollte die Zeit, die für ein Treffen mit Freunden, zum Lesen, Spielen und Sport treiben verwendet wird, den Fernsehkonsum deutlich übersteigen.

■ Die Dauer der »verträglichen TV-Dosis« ist größtenteils abhängig vom Alter. Auch wenn sich das bei Geschwistern unterschiedlichen Alters nicht immer einfach trennen lässt, sollte der Grundsatz gelten: Je jünger ein Kind ist, desto weniger Zeit sollte es sich mit elektronischen Medien beschäftigen. Die Bundeszentrale für gesundheitliche Aufklärung empfiehlt Fernsehen und Computerspiele frühestens ab dem dritten Lebensjahr. Bei Kindern zwischen drei und fünf Jahren sollte die Fernsehdauer nicht länger als eine halbe Stunde betragen, Sechs- bis Zehnjährige dürfen eine Stunde fernsehen oder mit dem Computer spielen, ältere Kinder können auch 1,5 Stunden täglich fernsehen.

■ Schauen Sie sich vor allem mit kleinen Kindern öfters mal die Sendungen gemeinsam an, sprechen Sie anschließend mit Ihrem Kind über das Gesehene oder lassen Sie kleinere Kinder die Geschichte nochmal mit eigenen Worten nacherzählen – das fördert auch die Sprachfähigkeit.

■ Der Fernsehtag sollte mindestens eine, bei kleinen Kindern besser zwei Stunden vor dem Zubettgehen enden. Das gilt besonders, wenn Kinder schlecht einschlafen oder über Albträume klagen.

10

Kleine Helfer
für den Lernalltag

»Das Gras wächst nicht schneller, wenn man daran zieht.«

Afrikanisches Sprichwort

Manchmal können kleine Dinge eine große Wirkung haben – das gilt auch fürs Lernen. Ein paar Informationen hierzu finden Sie gleich in der Übersicht.

Das bringen kleine Lernhelfer für den Schulerfolg

■ Das Lernumfeld trägt sehr viel zum Schulerfolg bei.

■ Kleine, leicht in den Alltag zu integrierende »Lernhelfer« können die Konzentration verbessern.

■ Für viele erstaunlich: Düfte im Schul- oder Kinderzimmer, Kaugummi kauen, Gestikulieren beim Lernen oder dem Hund vorlesen können die Konzentrationsfähigkeit und die Lernbereitschaft der Kinder verbessern.

Denken geht durch die Nase

Können Schüler in einer wohlriechenden Umgebung besser lernen? Diese Frage mag zunächst verwundern. Aber so unberechtigt ist sie nicht, denn Düfte steuern oft unbewusst unser Tun und Handeln und beeinflussen unsere Stimmung. Aromatische Düfte werden im Handel schon lange erfolgreich eingesetzt, um das Kaufverhalten zu beeinflussen. So halten sich Kunden in parfümierten Geschäften länger auf und geben mehr Geld aus als in unbedufteten Kaufhäusern. Autohändler helfen dem Kauferfolg mit nach Echtleder riechenden Sprays nach. Bäckereien regen den Appetit ihrer Kunden mit Vanilleduft an und steigern so den Umsatz.

Aber auch auf unser psychisches Befinden, auf Konzentration und geistige Leistungsfähigkeit nehmen die Düfte Einfluss. Die Psychiatrie-Professorin

Susan Schiffman von der Duke University in Durham stellte fest, dass Maiglöckchen- und Pfefferminzduft die Aufmerksamkeit bei eintönigen Bildschirmtätigkeiten steigert. Sekretärinnen machen nur halb so viele Schreibfehler, wenn sie Zitronenaroma einatmen.

Der »Duftforscher« Dietrich Wabner, Professor an der TU München, hat die Wirkung von Düften auf das Lernen untersucht und herausgefunden, dass Schüler und Studenten in einer wohlriechenden Umgebung deutlich besser lernen. An dem von ihm initiierten Pilotprojekt nahmen fünf Schulen teil. Einmal pro Stunde wurden die Klassenräume für wenige Minuten durch eine Duftsäule neben der Tafel mit rein pflanzlichen, ätherischen Ölen »bedampft«. Meist wurde eine Mischung aus Zitrone, Orange, Grapefruit, Lavendel und einer Spur Zedernholz verwendet. Schon nach kurzer Zeit berichteten die Lehrer, dass die Kinder in den bedufteten Klassenräumen deutlich aufmerksamer und weniger aggressiv seien. Auch Wabners Studenten profitierten vom Forschungsgebiet ihres Professors: Er forderte sie auf, beim Lernen an Neroli, der Essenz aus Orangenblüten, zu schnuppern. Zu Beginn der Prüfung rochen sie dann erneut an dem Duftfläschchen und erzielten überraschend gute Ergebnisse (110, 91). Die Erklärung dafür ist einfach: Düfte werden im sogenannten »limbischen System« verarbeitet, einer Gehirnregion, die auch für Gefühle und Empfindungen zuständig ist. Die für das Lernen und Behalten besonders wichtige »Seepferdchen-Region« des Gehirns, den Hippocampus, haben wir Ihnen bereits mehrmals vorgestellt. Diese Schaltzentrale für unser Gedächtnis ist Bestandteil des limbischen Systems. Deshalb bleiben uns Dinge, die Emotionen in uns auslösen, deutlich besser im Gedächtnis als langweilige Ereignisse, die unsere Gefühle nicht ansprechen. Das limbische System wird unter anderem durch Gerüche angeregt. Das führt dazu, dass manchmal schon ein Geruchseindruck ausreicht, um uns ganze Szenen aus der Vergangenheit wieder vor Augen zu führen. Düfte können auch dem Gedächtnis auf die Sprünge helfen. Wenn ein bestimmter Geruch beim Lernen mit einer bestimmten Information, zum Beispiel einem Gedicht, Vokabeln oder Rechtschreiberegeln verbunden ist, lässt sich das Gelernte leichter wieder abrufen, sobald der Duft wieder in der Luft liegt.

Umsetzung im Alltag

■ Kinder lieben Düfte und freuen sich, wenn ein angenehm gestaltetes Lernumfeld auch noch gut riecht.

■ Verwenden Sie ausschließlich natürliche ätherische Öle, die Sie nach Anweisung entsprechend verdünnt verwenden.

■ Pfefferminze und Nelke oder Zitrusdüfte wie Orange, Zitrone oder Grapefruit wirken anregend, konzentrationsfördernd und auch stimmungsaufhellend. Zitronenduft konnte in einer US-amerikanischen Untersuchung die Anzahl von Schreibfehlern deutlich reduzieren.

■ Lavendel, Kamille und Sandelholz dämpfen die Gehirnaktivität und wirken beruhigend und stresslösend, eignen sich also besonders zum Entspannen nach einem stressreichen Schultag.

■ Eine leichte Duftbrise reicht aus, zu intensive Düfte können als unangenehm empfunden werden und manchmal sogar Übelkeit auslösen.

■ Es kann helfen, den gleichen Duft, den man bei der Lernvorbereitung verwendet hat, auch unterschwellig während der Klassenarbeit einzusetzen. Wenn Informationen mit einem bestimmten Duft verknüpft sind, lassen sie sich in Gegenwart des Duftes leichter abrufen. Man kann zum Beispiel vorher vorsichtig einen Tropfen aufs Handgelenk oder auf ein Taschentuch tupfen. Aber Vorsicht: Wenn mehrere Kinder das probieren, kann es einen störenden Duftmix geben. Um das zu verhindern, sollte sich gegebenenfalls die Klasse auf einen bestimmten Duft einigen.

■ Achtung: Die meisten ätherischen Öle sind haut- und schleimhautreizend und können aufgrund ihrer hohen Konzentration Vergiftungen bei (Klein-)Kindern verursachen. Sie dürfen nur verdünnt verwendet werden. Stellen Sie Duftlampen und Ölfläschchen immer außer Reichweite der Kinder!

■ Verwenden Sie die Düfte nur, wenn Ihr Kind damit einverstanden ist und das wünscht.

Nur wer gut hört und sieht, lernt auch gut

Bitte stopfen Sie sich Watte in die Ohren, setzen Sie sich dann bei einem Vortrag in die letzte Reihe und fassen Sie am Ende das Gehörte zusammen. Es ist eher unwahrscheinlich, dass dabei etwas wirklich Gutes herauskommt. Doch dieser Situation sind Kinder, die schlecht hören, Tag für Tag in der Schule ausgesetzt. Eckhard Hoffmann, Professor für Hörakustik an der Hochschule Aalen, stellte fest, dass fast jeder 10. Schüler ein eingeschränktes Hörvermögen hat und weitere acht Prozent der Schüler eine Sehstörung aufweisen, die bisher noch nicht entdeckt wurde. Es ist jedem von uns unmittelbar einsichtig, dass Hören und Sehen Grundvoraussetzungen für das Lernen sind. Kinder, die unter Seh- und Hörproblemen leiden, haben große Schwierigkeiten, dem Unterricht zu folgen, wirken dadurch konzentrationsgestört, passen im Unterricht nicht auf und verweigern oft die Mitarbeit. Hoffmann konnte nachweisen, dass eine nicht korrigierte Hör- oder Sehschwäche den Notenschnitt um 0,2 bis 0,3 Punkte senkt. Die Zusammenhänge sind hier ganz banal, aber dennoch entscheidend: Wer beim Diktat den Lehrer nicht richtig versteht, hat einfach eindeutig schlechtere Bedingungen. Wer in Erdkunde die Landkarte nicht klar sieht oder in Mathematik die Aufgaben nicht entziffern kann, wird auch nicht zum richtigen Ergebnis kommen.

Umsetzung im Alltag

Sie sollten Ihr Kind einem Augenarzt vorstellen, wenn es

- beim Lesen den Kopf sehr nahe an das Buch hält,
- sich beim Fernsehen sehr nahe an das Gerät setzt,
- Bälle schlecht fangen kann und
- die Augen häufig zukneift oder reibt.

Sie sollten Ihr Kind einem Hals-Nasen-Ohrenarzt vorstellen, wenn es

- Radio oder Fernseher besonders laut einstellt und auf Nachfragen behauptet, es könnte sonst nichts verstehen,
- in normaler Lautstärke ausgesprochene Worte nur schlecht versteht und
- häufig nachfragt, was gerade gesagt wurde.

Professor Bello – wie Hunde das Lesenlernen unterstützen

Tiere tun gut – jeder Hundebesitzer wird das sicher bestätigen. Und zu ihren vielfältigen Vorzügen und positiven Wirkungen gehört erstaunlicherweise auch noch eine Unterstützung beim Lesenlernen: Wenn Kinder mit Leseschwäche regelmäßig ihrem vierbeinigen Freund statt den Eltern oder Lehrern vorlesen, machen sie erstaunliche Fortschritte – so das Ergebnis eines Modellprojektes verschiedener amerikanischer Schulen. Im Gegensatz zu Eltern, Mitschülern oder Lehrern bewertet der Hund die Leseleistung des Schülers nicht. Er hört geduldig, aufmerksam und interessiert zu, ohne zu korrigieren, zu kritisieren oder gar zu lachen. Das vermittelt schüchternen und leseschwachen Schülern Mut und Selbstvertrauen. In den USA gibt es inzwischen die Organisation »Reading Education Assistance Dogs«, deren Mitglieder ihre Vierbeiner zum Lesenlernen zur Verfügung stellen. Von den »Hundevorlesungen« profitieren nicht nur die Kinder, auch »Professor Bello« bekommt eine Extraportion Streicheleinheiten.

Wenn Kinder mit Leseschwäche regelmäßig ihrem vierbeinigen Freund vorlesen, machen sie erstaunliche Fortschritte.

Empfehlung

Wenn Sie einen Hund zu Hause haben, dann nutzen Sie die Gelegenheit und lassen Sie Ihr Kind regelmäßig seinem Liebling etwas vorlesen. Ein geduldiges Tier kann auch einen beruhigenden Einfluss während der gesamten Hausaufgaben haben.

Mit Kaugummi lernt es sich leichter

Kaugummis haben nicht den besten Ruf. Sie können Kleider, Möbel und Haare verkleben und praktisch jeder hat schon die unangenehme Erfahrung gemacht, Kaugummi vom Schuh kratzen zu müssen. Deshalb sind sie auch in der Schule meist verboten. Dennoch ist Kaugummi kauen eine sinnvolle und gesunde Beschäftigung. Kaugummis pflegen nicht nur die Zähne, sondern erhöhen auch die Konzentration. Wissenschaftler von der britischen Universität Northumbria überprüften an 75 Studenten die Wirkung von Kaugummi kauen auf das Kurz- und Langzeitgedächtnis. Während den Probanden Telefonnummern und Vokabeln gezeigt wurden, sollte eine Gruppe Kaugummi kauen, eine zweite Gruppe Kaubewegungen ohne Kaugummi ausführen – und Studenten in einer dritten Gruppe durften den Kiefer gar nicht bewegen. Tatsächlich schnitten die Kaugummi kauenden Studenten in allen Tests wesentlich besser ab als die Probanden aus den beiden anderen Gruppen, sie behielten 35 Prozent mehr Informationen (114). Der Intelligenzforscher Siegfried Lehrl geht davon aus, dass Personen, die während des Lernens Kaugummi kauen etwa 30 Prozent mehr Informationen behalten als »Nicht-Kaugummikauer«. Durch das Kauen gelangt mehr Blut und Sauerstoff ins Gehirn, vor allem in den Bereich des sogenannten »Stirnlappens«. Dieser Gehirnteil ist vor allem für Urteilsvermögen, Aufmerksamkeit und das Arbeitsgedächtnis von Bedeutung. Durch eine Reizung des dichten Nervennetzes im Mund hat Kaugummi kauen zusätzlich sowohl eine anregende als auch eine entspannende Wirkung (4). Gestatten Sie Ihren Kindern deshalb vor allem beim Lernen oder bei den Hausaufgaben Kaugummi zu kauen. Auch in der Schule könnte Kaugummi kauen bei Klassenarbeiten die Konzentration fördern. Einfache kleine Mülleimer auf den Tischen könnten auch das Problem der »Kaugummientsorgung« unter Tischen und Stühlen lösen.

Empfehlung

- In der Schule ist Kaugummi kauen meist verboten, als kleine Unterstützung bei den Hausaufgaben aber einen Versuch wert.
- Die Kaugummis sollten zuckerfrei und möglichst xylithaltig sein. Der Zuckeraustauschstoff Xylit hat keinerlei zahnschädigende Wirkung. Dennoch sollten Sie die Anzahl der Kaugummis – je nach Alter – auf drei bis fünf Stück täglich beschränken, denn in hohen Dosen kann Xylit zu Durchfällen führen.

Gestikulieren und Aufschreiben festigen das Gedächtnis

Lassen Sie Ihre Kinder beim Vokabellernen mit den »Händen sprechen« wie die Südländer. Denn Vokabeln oder Jahreszahlen bleiben besser im Gedächtnis, wenn wir nicht ruhig am Schreibtisch sitzen, sondern dabei mit den Händen gestikulieren. Auch das Aufschreiben verbessert die Verankerung im Gedächtnis. Der Lernstoff wird auf diese Weise in verschiedenen Gehirnregionen gespeichert. Das Gehirn merkt sich dann nicht nur, wie sich das Wort anhört, sondern behält gleichzeitig auch noch die motorischen Abläufe des Schreibens oder Gestikulierens. Durch diese Verknüpfung fällt das Erinnern leichter (63). In diesem Zusammenhang erhält auch das Spickzettelschreiben eine neue, positive Bedeutung. Einen Spickzettel zu schreiben ist nicht automatisch die schulische K.o.-Erklärung, sondern kann das Behalten von Lernstoff fördern. Wegen der geringen Größe eines Spickzettels muss man den

Versuchen Sie, so viel Spaß wie möglich mit Ihren Kindern zu haben – gute Nerven brauchen Sie sowieso.

Stoff sehr gut kennen, um die wichtigsten Stichworte gezielt aufschreiben zu können. Die Bedeutung der Stichpunkte kennt das Kind nach dem Schreiben des Spickzettels meist sehr genau, denn es hat sich die Inhalte selbst erarbeitet. Meist können die Informationen während der Klausur dann auch ohne den Spickzettel gut abgerufen werden. Auch die feinmotorische Leistung, Informationen in mikroskopisch kleiner Schrift auf einen 3 x 3 cm großen Zettel zu bringen, ist nicht zu verachten. Achtung: Wir möchten an dieser Stelle darauf aufmerksam machen, dass wir das Schreiben des »Spickzettels« als Lernhilfe *vor* der Arbeit propagieren. Eine Unterstützung durch einen Spickzettel während der Klausur können wir hier natürlich nicht empfehlen.

Die Leistungskurven des Tages optimal nutzen

Keiner ist den ganzen Tag über konstant fit und leistungsbereit. Das gilt auch in besonderem Maße für Kinder und Jugendliche. Bei allen Menschen schwankt die Leistungskurve im Verlauf des Tages. Phasen, in denen Lernen leichtfällt und Spaß macht, wechseln sich ab mit Zeiten, in denen Konzentra-tion und Aufmerksamkeit auf einem Tiefpunkt sind. Die meisten haben am Vormittag eine erste Leistungsphase, dann folgt um die Mittagszeit ein »Tief«, auf das am späten Nachmittag oder frühen Abend wieder ein zweiter Leistungsschub kommt. Wann die »Höhen und Tiefen« des Tages sind,

kann individuell unterschiedlich sein und hängt unter anderem vom Alter der Kinder ab. In der Regel können sich Kin-der bis 13 Jahre morgens zwischen 8 und 10 Uhr und nachmittags von 14 bis 16 Uhr am besten konzentrieren. Teenager ab 14 Jahren haben ihren Leistungs-schub vormittags häufig zwischen 10 und 12 Uhr und am späteren Nachmit-tag zwischen 15 und 17 Uhr (86). Oft wis-sen ältere Kinder und Erwachsene sehr gut, zu welcher Tageszeit sie ihre indivi-duellen Leistungsphasen haben.

11

Lebensstil und Schulerfolg im Überblick

»Kinder haben heißt, gute Nerven zu benötigen.
Versuchen Sie, sich psychisch zu härten. Besuchen Sie Dia-Abende! (...)
Fahren Sie in Stoßzeiten mit U- und S-Bahn! Stellen Sie sich
in den Fanblock des FC Bayern und schwenken Sie die
schwarz-gelbe Fahne der Dortmunder Borussen!«

Axel Hacke (*1956), dt. Journalist (»Süddeutsche Zeitung«)

Lebensstil-Maßnahme	Was bringt es?
Sport/Bewegung/jede Art körperlicher Aktivität	
Bewegung jeder Art	■ Kindergartenkinder, die sich täglich bewegen dürfen, schneiden bei Intelligenztests deutlich besser ab als Kinder, denen diese Bewegungsreize versagt bleiben. ■ Die Sprachentwicklung profitiert vom Toben. Ein direkter Zusammenhang zwischen motorischen Fähigkeiten und der Sprachentwicklung ist inzwischen gut belegt. ■ Teilnahme an außerschulischen Sportangeboten erhöht die Chancen, die Hochschulreife zu erlangen oder ein Universitätsstudium erfolgreich zu absolvieren um bis zu sechs Prozentpunkte.
Bewegung vor dem Unterricht	■ Kinder, die vor Prüfungen 20 Minuten auf einem Laufband gehen, lösen schwierige Aufgaben in einem Test deutlich besser als nach einer gleich langen Ruhepause. ■ Die Leistungen nach der Laufbandeinheit sind um etwa eine Schulnote besser, als an den »faulen Tagen«. ■ Die Wirkung hält ein bis zwei Stunden an.

Die Leser, die dieses Buch bis hierher durchgelesen haben – es werden Lehrer, Erzieher, Großeltern, sonstige Verwandte, aber sicher hauptsächlich Eltern sein –, wissen, dass gute Nerven zu haben bzw. die Nerven zu behalten, eine nicht unwichtige Anforderung im Zusammenleben mit Kindern ist. Wir hoffen, dass die Ihnen hier gegebenen Tipps und Anregungen Sie dabei unterstützen.

In diesem letzten Kapitel finden Sie noch einmal alle wichtigen Fakten und Anregungen zu »Lebensstil und Schulerfolg« im Überblick.

Zeitbedarf	Zusatzinformationen zur Umsetzung
Täglich eine Stunde oder mehr	■ Kinder sollten sich täglich eine bis zwei Stunden bewegen. ■ Fast jedes Kind findet in Vereinen individuelle und preiswerte Sportangebote. ■ Es ist gleichgültig, ob Ihr Kind Fußball oder Hockey spielt, turnt oder Ballettunterricht nimmt – wichtig ist nur, dass das Kind gerne zum Sport geht und mit Spaß dabei ist. ■ Optimal ist eine Kombination aus Schulsport (2–3 h pro Woche), Alltagsbewegung (zu Fuß zur Schule, zur Freundin, zum Kiosk laufen, 2–3 Stunden pro Woche), Vereinssport (1–2 Stunden pro Woche), Freizeitaktivitäten (2 Stunden pro Woche) – so kommen täglich 1 bis 1,5 Stunden Bewegung zusammen.
Täglich – je nach Schulweg – 10 bis 20 Minuten	■ Wenn es möglich ist, lassen Sie Ihre Kinder den Schulweg zu Fuß zurücklegen. ■ Das verschafft nicht nur eine zusätzliche Portion Bewegung in unserer bewegungsarmen Zeit, es fördert auch die schulische Leistung. ■ Wenn das nicht möglich ist, sollte in der Freizeit und in den Pausen ausreichend Zeit für Aktivitäten zur Verfügung stehen.

Lebensstil-Maßnahme	Was bringt es?
Sport/Bewegung/jede Art körperlicher Aktivität	
Training von Balance und Koordination	■ Kinder mit einer guten Koordination schneiden im Konzentration test am besten ab. ■ Schüler, die besonders gut auf einem Bein stehen können, haben im Durchschnitt deutlich bessere Noten als ihre Klassenkamerade die nur wenige Sekunden das Gleichgewicht halten. ■ Kinder mit einem guten Balanciervermögen sind in Mathematik, Deutsch und Sport um 0,6 bis 0,7 Notenstufen besser als Kinder m schlechtem Gleichgewichtssinn.
Ernährung	
Ausgewogene, hochwertige Ernährung	■ Kinder, die sich sehr ausgewogen und qualitativ hochwertig ernäh ren, schneiden in verschiedenen Tests um 41 Prozent besser ab als ihre Mitschüler, die sich einseitig ernährten.
Vollkornfrühstück	■ Das Frühstück ist für die schulische Leistung enorm wichtig, da es Blutzuckerspiegel anhebt und so das Gehirn am Morgen »aufwec‹ ■ Wer morgens Vollkornprodukte zum Frühstück verzehrt, kann sich bis zum Abend besser konzentrieren und macht nachweislich niger Fehler.
Regelmäßiger Fischkonsum oder Omega-3-Fettsäuren als Nahrungsergänzung	■ Fisch essende Kindergartenkinder erzielen bessere Ergebnisse in kognitiven Tests. ■ Günstige Effekte von Omega-3-Fettsäuren bei Kindern mit Lern- u Aufmerksamkeitsstörungen. ■ Besseres Abschneiden der »fischessenden« Teenager im Intelligen.
Cholesterin	■ Vor allem bei kleinen Kindern ist Cholesterin wichtig für die Bildu von Kontakten (Synapsen) zwischen den Nervenzellen. ■ Die Synapsenbildung ist entscheidend für die Hirnentwicklung. D ser Vorgang benötigt u. a. Cholesterin.

Zeitbedarf	Zusatzinformationen zur Umsetzung
Täglich 10 Minuten	■ Ermutigen Sie Ihre Kinder zu Sportarten, die das Gleichgewicht trainieren wie Inline-Skaten, Schlittschuhlaufen, Fahrrad- oder Einradfahren, Turnen, Judo, Yoga, Klettern. ■ Straßenspiele wie Hüpfkästchen oder Gummitwist schulen ebenfalls Balance und Koordination. ■ Auch im Alltag lässt sich das Gleichgewicht mit wenig Aufwand fördern. Wer schafft es, sich drei Minuten die Zähne auf einem Bein zu putzen? Wer kann am besten auf dem Bordstein balancieren?
keiner	■ Abwechslungsreiche und gesunde Ernährung muss weder teuer noch kompliziert zuzubereiten sein. ■ Beachten Sie hierzu die zahlreichen Empfehlungen im Kapitel Ernährung.
keiner	■ Kinder sollten morgens nie das Haus ohne Frühstück verlassen. ■ Kinder, die morgens nicht gerne frühstücken, sollten wenigstens eine Kleinigkeit essen oder einen Milch-Früchte-Getreide-Shake trinken. ■ Auch ein guter Pausensnack sollte die Energiereserven auffüllen. Am besten geht das mit langsam verwertbaren Kohlenhydraten, die in Vollkornprodukten, Obst, Nüssen und Gemüse enthalten sind.
keiner	■ Am besten: zweimal wöchentlich eine Fischmahlzeit mit fettem Fisch ■ Alternativ: Omega-3-Fettsäuren als Nahrungsergänzung
keiner	■ In der Regel ist Cholesterin in der Ernährung unserer Kinder ausreichend enthalten. ■ Kinder sollten aber auf gar keinen Fall cholesterinsenkende Produkte, zum Beispiel cholesterinsenkende Margarine, verzehren. ■ Wenn Kinder kein Fleisch und keine Wurst mögen, sollten sie öfters mal ein Ei oder Käse essen.

133

Lebensstil-Maßnahme	Was bringt es?
Flüssigkeitszufuhr	
ausreichend Trinken	■ Durch ausreichende Flüssigkeitszufuhr, vor allem im Unterricht, lassen sich die geistige Leistungsfähigkeit und damit auch der Lernerfolg direkt verbessern. ■ Mangelnde Flüssigkeitszufuhr kann den Intelligenzquotienten vorübergehend um bis zu 15 Punkte abfallen lassen. ■ Grundschüler behalten den Lernstoff leichter, wenn sie ausreichen trinken dürfen und auch aktiv zum Trinken aufgefordert werden. ■ Abiturienten mit der größten täglichen Trinkmenge weisen in Prüfungen die besten Leistungen auf. ■ Studenten, die direkt vor der Vorlesung zwei große Gläser Wasser getrunken hatten, behielten den Vorlesungsstoff besser.
Mikronährstoffe	
Gute Versorgung mit Eisen	■ Ein Eisenmangel führt zu Müdigkeit und Konzentrationsstörungen die sich wiederum auf die schulische Leistungsfähigkeit auswirken ■ Schüler mit Eisenmangel haben häufig schlechtere Noten als Kinder und Jugendliche mit ausreichend Eisen im Blut. ■ Nach einer britischen Studie sind schon bei einem leichten Eisenmangel die Zensuren schlechter. ■ Nach einer amerikanischen Studie beeinflusst ein Eisenmangel vor allem die Mathematiknote. Von den Kindern mit Eisenmangel hat doppelt so viele Mathematiknoten im unteren, schlechten Notenbereich.
Gute Versorgung mit Magnesium	■ Mehrere Untersuchungen haben einen günstigen Effekt einer ergänzenden Magnesiumgabe beim Hyperaktivitätssyndrom (ADHS) nachweisen können.
Gute Versorgung mit Zink	Jugendliche, die eine Nahrungsergänzung mit Zink erhalten, arbeiten konzentrierter, reagieren schneller und schneiden auch in Gedächtnistests besser ab.

Zeitbedarf	Zusatzinformationen zur Umsetzung
keiner	■ Schüler sollten niemals morgens das Haus verlassen, ohne etwas getrunken zu haben. ■ Kinder sollten schon zum Frühstück ein großes Glas Wasser trinken, evtl. auch noch Saft oder Milch zusätzlich. ■ Geben Sie Ihrem Kind für den Vormittag mindestens einen halben Liter Wasser oder verdünnten Fruchtsaft mit, bei Hitze oder zum Sportunterricht auch mehr. ■ Erklären Sie Ihrem Nachwuchs, wie wichtig trinken ist – trinken wird in der Hektik des Schulalltags häufig vergessen. ■ Fragen Sie die Lehrer, ob auch während des Unterrichts getrunken werden darf – das fördert die Konzentration.
keiner	■ Gefährdet sind vor allem Kinder in Wachstumsphasen, Mädchen und Kinder, die kein oder selten Fleisch und Fisch verzehren. ■ Lassen Sie bei begründetem Verdacht nicht nur ein Blutbild und den Eisenspiegel, sondern auch den Ferritinspiegel (= Eisenspeicher) überprüfen.
keiner	■ Magnesium ist in Hülsenfrüchten und Vollkornprodukten enthalten. ■ Außerdem kann Mineralwasser – je nach Quelle – recht viel Magnesium enthalten.
keiner	■ Eine langfristige, hochdosierte Zinktherapie ist nicht empfehlenswert. ■ Die Zinkversorgung sollte durch eine gemischte Kost mit zinkreichen Nahrungsmitteln (Fisch, Fleisch, Vollkornprodukte, Nüsse) sichergestellt werden, evtl. in Kombination mit einer vorübergehenden, niedrig dosierten Zinkgabe.

135

Lebensstil und Schulerfolg im Überblick

Lebensstil-Maßnahme	Was bringt es?
Mikronährstoffe	
Gute Versorgung mit B-Vitaminen	■ Schon ein leichter Vitamin-B_{12}-Mangel reduziert die geistige Leistungsfähigkeit von Jugendlichen deutlich. ■ Zusammenhänge zwischen der Folsäureaufnahme und dem Abschneiden in Intelligenztests wurden schon bei Kindergartenkindern festgestellt. ■ Auch andere Vitamine der B-Gruppe fördern die geistige Leistungsfähigkeit.
Multivitamin-Mineralstoff-Spurenelement-Präparate	■ Unterschiedliche Datenlage; die meisten Untersuchungen stellen eine verbesserte Konzentration und Aufmerksamkeit fest. Steigerung des »nonverbalen IQ« nach mehrmonatiger Einnahme um bis zu neun Prozent ■ Andere Studien konnten einen weniger deutlichen Effekt nachweisen, einige Untersuchungen fanden keine Wirkung.
Familiäres Umfeld	
Loben, unterstützen, trösten	■ Kinder, die in einem schützenden, sicheren Umfeld aufwachsen, in dem sie sich ausprobieren, aber auch Fehler machen können, haben beste Voraussetzungen für eine gesunde Entwicklung. ■ Kinder, die gelobt werden, sind glücklicher und zufriedener und können sich optimal entwickeln.
Schlafverhalten	
Ausreichend Schlaf	■ Schüler, die regelmäßig länger schlafen als ihre Klassenkameraden haben in der Regel auch bessere Schulnoten. ■ Kurzschläfer können neue Informationen schlechter verarbeiten und im Gedächtnis speichern. ■ Schüler mit guten und sehr guten Noten schlafen an Schultagen durchschnittlich 25 Minuten länger als ihre Klassenkameraden mit Noten im unteren Leistungsbereich.

Zeitbedarf	Zusatzinformationen zur Umsetzung
keiner	■ Vitamin B$_{12}$ ist in ausreichender Konzentration nur in tierischen Lebensmitteln wie Fleisch, Fisch, Eier, Käse und Milch enthalten. ■ Die Hauptlieferanten von Folsäure sind grünes Blattgemüse wie Spinat und Salat sowie Weizenkeime, Hülsenfrüchte und Eier.
keiner	■ Im Idealfall sollten alle Mikronährstoffe mit der Nahrung aufgenommen werden. ■ Eine Nahrungsergänzung ist bei Kindern nur in Ausnahmefällen sinnvoll.
keiner	■ Eine wichtige Voraussetzung für den Schulerfolg sind Lob und Anerkennung, aber auch Trost der Eltern. ■ Die Familie sollte ehrlichen Anteil an den Bemühungen des Kindes nehmen und seine Leistungen als einen Beitrag für die ganze Familie werten. ■ Nicht-materielle Belohnungen können für das Kind wertvoller sein als große Geldgeschenke.
keiner	■ Während der Woche sollten Kinder so früh ins Bett gehen, dass sie ihrem Alter entsprechend ausreichend Schlaf bekommen. ■ Kurz vor dem Schlafengehen sollten Kinder – vor allem, wenn sie unter Schlafstörungen leiden – nicht mehr fernsehen und Computer spielen. ■ Teenagern sollte am Wochenende die Möglichkeit gegeben werden, fehlenden Schlaf nachzuholen.

Lebensstil-Maßnahme	Was bringt es?
Musizieren	
Musik hören	■ Das Hören von Musik kann die allgemeine Leistungsbereitschaft vorübergehend erhöhen. ■ Wahrscheinlich kann jede Musik, die dem Hörer gefällt, eine Leistungsverbesserung bewirken. ■ In einer Studie konnte zehnminütiges Hören von Mozarts Klaviersonaten das Abschneiden in einem IQ-Test deutlich verbessern.
Musizieren	■ Musizieren kann das Verständnis für räumlich-zeitliche, technisch und mathematische Zusammenhänge verbessern. ■ Kreativität, Konzentration, Teamfähigkeit, Extraversion, emotionale Stabilität und Intelligenz werden durch verstärkte musikalische Erziehung verbessert.
Medienkonsum	
Den Fernsehkonsum auf ein altersentsprechendes Niveau senken	■ Je länger der tägliche Fernsehkonsum, desto tendenziell schlechter sind die Schulnoten insgesamt und desto niedriger ist die Chance, dass die Kinder später Abitur machen. ■ Sowohl die Deutsch- als auch die Mathematiknoten leiden bei Vielsehern nachweislich.
Kleine Lernhelfer	
Düfte	■ Verschiedene Untersuchungen weisen darauf hin, dass Schüler und Studenten in einer wohlriechenden Umgebung deutlich besser lerne ■ Düfte werden im sogenannten »limbischen System« verarbeitet. D Schaltzentrale für das Lernen und Behalten, der Hippocampus, lieg ganz in der Nähe des limbischen Systems. ■ Durch die enge räumliche Lage können bestimmte Düfte auch den Gedächtnis auf die Sprünge helfen. ■ Wenn Informationen mit einem bestimmten Duft verknüpft sind, lassen sie sich in Gegenwart des Duftes leichter abrufen. Deshalb sollte man den Duft, den man beim Lernen verwendet hat, auch be der Klassenarbeit benutzen.

Zeitbedarf	Zusatzinformationen zur Umsetzung
keiner	■ Musikhören vor den Hausaufgaben kann das Lernen günstig beeinflussen. ■ Probieren Sie es einfach einmal aus, wenn Ihr Kind das möchte.
Mehrere Stunden pro Woche	■ Unterstützen Sie Ihr Kind, wenn es ein Musikinstrument erlernen möchte. ■ Beziehen Sie Ihr Kind bei der Wahl des Instrumentes mit ein. Achten Sie darauf, dass Ihr Kind mit Freude zum Musikunterricht geht.
keiner	■ Begrenzen Sie den täglichen Medienkonsum (TV, Computer etc.) auf eine dem Alter entsprechende Dauer. ■ Füllen Sie nach Möglichkeit die dadurch gewonnene Zeit mit anderen Aktivitäten auf.
keiner	■ Verwenden Sie die Düfte nur, wenn Ihr Kind das wünscht. ■ Ausschließlich natürliche ätherische Öle anwenden! ■ Anregend und konzentrationsfördernd sollen Pfefferminze, Nelke oder Zitrusdüfte wie Orange, Zitrone oder Grapefruit wirken. ■ Eine beruhigende Wirkung haben Lavendel, Kamille und Sandelholz. ■ Achtung: Die meisten ätherischen Öle sind haut- und schleimhautreizend und können aufgrund ihrer hohen Konzentration Vergiftungen bei (Klein-)Kindern verursachen. Sie dürfen nur verdünnt verwendet werden. Stellen Sie Duftlampen und Ölfläschchen immer außer Reichweite der Kinder!

Lebensstil-Maßnahme	Was bringt es?
Kleine Lernhelfer	
Kaugummi	■ Kaugummi kauen hat eine günstige Wirkung auf das Kurz- und Langzeitgedächtnis. ■ Personen, die beim Lernen Kaugummi kauen, können deutlich me Lernstoff behalten. ■ Durch das Kauen gelangt mehr Blut und Sauerstoff zum Gehirn, vor allem in den Bereich des sogenannten »Stirnlappens«. Dieser Gehirnteil ist unter anderem für Urteilsvermögen, Aufmerksamke und das Arbeitsgedächtnis von Bedeutung.
Seh- und Hörfähigkeit überprüfen	■ Eine nicht korrigierte Hör- oder Sehschwäche senkt den Notendur schnitt um 0,2 bis 0,3. ■ Laut einer Untersuchung der Hochschule Aalen besteht bei etwa jedem 10. Schüler ein eingeschränktes Hörvermögen, weitere acht Prozent der Schüler weisen eine Sehstörung auf, die bisher noch nicht festgestellt wurde.
Lernzeit und Freizeit optimal aufeinander abstimmen	■ Die Leistungskurve im Verlauf des Tages schwankt bei allen Menschen zwischen Höhen und Tiefen. ■ Während der »Leistungshochs« sind die Kinder meist gut motivie und können sich auch gut konzentrieren. ■ Während der »Leistungstiefs« macht sich oft eine leichte Müdigke bemerkbar, die Konzentration sinkt. ■ In der Regel können sich Kinder bis 13 Jahre morgens zwischen 8 u 10 Uhr und nachmittags von 14 bis 16 Uhr am besten konzentriere ■ Teenager ab 14 Jahren haben ihren Leistungsschub vormittags häufig zwischen 10 und 12 Uhr und am späteren Nachmittag zwischen 15 und 17 Uhr.

Zeitbedarf	Zusatzinformationen zur Umsetzung
keiner	■ Wenn Ihr Kind gerne Kaugummi kaut, sollten Sie ihm dieses Vergnügen hin und wieder beim Lernen oder bei den Hausaufgaben gönnen. ■ Die Kaugummis sollten zuckerfrei und möglichst xylithaltig sein. ■ Achtung: Xylit kann bei übermäßigem Verzehr abführend wirken.
Zeit für einen oder zwei Arztbesuche Hören und Sehen sind Grundvoraussetzungen für das Lernen.	■ Kinder, die unter Seh- und Hörproblemen leiden, haben große Schwierigkeiten, dem Unterricht zu folgen. ■ Bei einem entsprechenden Verdacht sollten die Kinder einem Augen- und HNO-Arzt zur Kontrolle vorgestellt werden.
keiner	■ Nutzen Sie die »Leistungshochs« für anspruchsvolle Hausaufgaben und zur Vorbereitung auf Klassenarbeiten. Das Kind ist in dieser Zeit sehr gut motiviert und kann sich auch gut konzentrieren. ■ Die »Leistungstiefs« können zum Ausruhen, Lesen oder Freunde treffen genutzt werden. Es bringt wenig, Kinder in der Zeit des individuellen »Leistungstiefs« mit komplizierten Hausaufgaben zu belasten.

Literaturverzeichnis

1 Antalis CJ, Stevens LJ, Campbell M, Pazdro R, Ericson K, Burgess JR (2006) Omega-3 fatty acid status in attention-deficit/hyperactivity disorder. Prostaglandins Leukot Essent Fatty Acids, 75(4-5):299–308

2 Arija V, Esparo G et al (2006) Nutritional status and performance in test of verbal and non-verbal intelligence in 6 year old children. Intelligence 34; 2:141–149

3 Arnold LE et al (2005) Serium zinc correlates with parent and teacher rated inattention in children with attention deficit hyperactivity disorder. J Child Adolesc Psychopharmacol 15(4): 628-35

4 Baker JR, Bezance JB, Zellaby E, Aggleton JP (2004) Chewing gum can produce context-dependent effects upon memory. Appetite 43 (2): 207–210

5 Beck H (2003) Neurodidaktik oder: Wie lernen wir? In: Erziehungswissenschaft und Beruf 51, 338–356

6 Benton D, Roberts G (1988) Effect of vitamin and mineral supplementation on intelligence of a sample of school-children. Lancet I 140–143

7 Bethge K, Bös K (2002) Täglicher Sportunterricht an der Friedrich-Ebert-Schule in Bad Homburg. In: DSB (Hrsg.), Perspektiven des Schulsports. Berlin 2002, S. 51–62

8 Bilici M et al (2004) Double-blind, placebo-controlled study of zinc sulfate in the treatment of attention deficit hyperactivity disorder. Prog Neuropsychopharmacol Biol Psychiatry 28(1): 181-90

9 Bös, K, Mechling, H (2001) Dimensionen sportmotorischer Leistungen im Längsschnitt. In: Gundrun, Ludwig; Gudrun, Bernd: Koordinative Fähigkeiten – koordinative Kompetenz. Kassel: Universitätsbibliothek 2001

10 Born, J, Kraft, U (2004) Lernen im Schlaf – kein Traum. Spektrum der Wissenschaft 11:44–51

11 Bundesministerium für Gesundheit und Frauen; Institut für Ernährungswissenschaften Universität Wien: Österreichischer Ernährungsbericht 2003

12 Burgstein, L, Zimmermann, M, Schurgast, H, Burgstein, U (2007) Handbuch Nährstoffe. Stuttgart

13 Cheruku SR et al (2002) Higher maternal plasma docosahexaenoic acid during pregnancy is associated with more ma-

ture neonatal sleep-state patterning. Am J Clin Nutr 76(3):608-13

14 Conners C K (2001) Feeding the Brain. Perseus

15 Cornelißen Th , Pfeifer Ch (2007) The Impact of Participation in Sports on Educational Attainment: New Evidence from Germany. IZA Forschungsinstitut zur Zukunft der Arbeit. Bonn DP 3160 URL: ftp.iza.org/dp3160.pdf

16 Csikszentmihalyi, M (1990) Flow – Das Geheimnis des Glücks, New York

17 Dietl, H, Ohlenschläger, G (2003) Handbuch der orthomolekularen Medizin. Stuttgart

18 Dodig-Curkovic K et al (2009) The role of zinc in the treatment of hyperactivity disorder in children. Acta Med Croatica 63(4): 307-13

19 Falsehr, H: (2002) Plädoyer für die tägliche Sportstunde. UNIKATH, Heft 2, S. 57

20 Forsa-Studie im Auftrag der DAK (2010) Motorische Defizite und Übergewicht bei Kindern. Befragung von Kinderärzten, www.presse.dak.de

21 Florence MD, Asbridge M, Veugeler PJ (2008) Diet Quality and Academic Performance. Journal of School Health 78(4):209–215

22 Forschungsinstitut für Kinderernährung (2005) Empfehlungen für die Ernährung von Kindern und Jugendlichen. Die optimierte Mischkost optimiX. Dortmund (5. überarbeitete Fassung)

23 Frölich J, Döpfner M (2008) The treatment of Attention-Deficit/Hyperactivity Disorders with polyunsaturated fatty

acids – an effective treatment alternative? In: Z Kinder Jugendpsychiatr Psychother. 36(2):109–16

24 Eliot, L (2001) Was geht da drinnen vor? Die Gehirnentwicklung in den ersten fünf Lebensjahren. Berlin Verlag, Berlin

25 Elmadfa, I, Freisling, H, König, J et al (2003) Österreichischer Ernährungsbericht 2003. 1. Auflage, Wien

26 Epstein R, Chillag N, Lavie P (1998) Starting Times of School: Effects on Daytime Functioning of Fifth-Grade Children in Israel. Sleep 21 (3):250–256

27 Galton F (1998) English men of science: their nature and nurture. London 1874, Bristol 1998

28 Gaser C et al (2004) Neuroplasticity: Changes in grey matter induced by training, Nature 427: 311

29 Goebel, A (2007) G8-Reform »Danach bist du platt«. Süddeutsche online, 21.06.2007. http://www.sueddeutsche.de/jobkarriere/806/301803/text/

30 Graf, C, Koch, B, Klippel, S et al (2003) Zusammenhänge zwischen körperlicher Aktivität und Konzentration im Kindesalter – Eingangsergebnisse des CHILT-Projektes. Deutsche Zeitschrift für Sportmedizin 54: 242–246

31 Grantham-McGregor S, Ani C (2001) A Review of Studies on the Effect of Iron Deficiency on Cognitive Development in Children. Journal of Nutrition 131:649S–668S

32 Halterman JS, Kaczorowski JM, Aligne CA, Auinger P, Szilagyi PG (2001) Iron deficiency and cognitive achievement

among school-aged children and adolescents in the United States. Pediatrics 107:1381–1386

33 Hancox RJ, Milne BJ, Poulton R (2005) Association of television viewing during childhood with poor educational achievement. Arch Pediatr Adolesc Med 159: 614–8

34 Helland IB et al (2003) Maternal supplementation with very-long-chain n-3 fatty acids during pregnancy and lactation augments children's IQ at 4 years of age. Pediatrics 111:e39–44

35 Heseker, H, Weiß, M (2002) Trinken und Leistungsfähigkeit in der Schule, Paderborn URL: www.forum-trinkwasser.de/downloads/studieno5_04.pdf

36 Hibbeln JR et al (2007) Maternal seafood consumption in pregnancy and neurodevelopmental outcomes in childhood. Lancet 396:578–85

37 Hillman CH, Buck SM, Themanson J R, Pontifex M. B, Castelli D (2009) Aerobic fitness and cognitive development: Event-related brain Potenzial and task performance indices of executive control in preadolescent children. Developmental Psychology, 45, 114–129

38 Hillman C H, Pontifex MB, Raine LB, Castelli DM, Hall EE, Kramer AF (2009) The Effect of acute treadmill walking on cognitive control and academic achievement in preadolescent children. Neuroscience, 159, 1044–1054

39 Hillman CH, Pontifex MB, Themanson JR (2009) Acute aerobic exercise effects on event-related brain Potenzials. In T.

McMorris, P. D. Tomporowski, & M. Audiffren (Eds.) Exercise and cognition, 163–180. Wiley Publications: Indianapolis, IN

40 Hoffmann, E (2007) Wie wirken sich Schäden des Sensoriums auf die Schulleistungen aus? URL: http://schnecke.inglub.de/dokumente/Ergebnisse-Schulnoten.pdf

41 Hoffmann, H (1997) Der Struwwelpeter, München

42 Hollmann, W (2001) Entwicklung einer Bewegungs-Neurowissenschaft. Deutsche Zeitschrift für Sportmedizin Jahrgang 52, Nr. 12, S.337

43 Hollmann, W, Strüder, HK (2000) Gehirn, Psyche und körperliche Aktivität. Orthopäde 29: 948-56

44 Hurrelmann K, Klocke, A, Melzer, W, Ravens-Sieberer,U (Hrsg.) (2003) Jugendgesundheitssurvey. Internationale Vergleichsstudie im Auftrag der Weltgesundheitsorganisation WHO, Weinheim und München

45 Jenkins JC, Dallenbach KM (1924) Obliviscence during sleep and waking. American Journal of Psychology, 35, 605–612

46 Kammerer, C (2010) Gute Schüler schlafen besser. URL: www.elternratgeber.de/magazin/magazin_freizeit_erholung.xtp?id=185

47 Karni A, Tanne D, Rubenstein BS, Askenasy JJM, Sagi D (1994) Dependence on REM sleep of overnight improvement of a perceptual skill. Science, 265, 679–681

48 Kempermann G, Kuhn HG, Gage FH (1997) More hippocampal neurons in

adult mice living in an enriched environment. Nature, 3;386(6624):493-5

49 KiGGS: Kinder- und Jugendsurvey 2007. URL: www.kiggs.de/studie/index.html

50 KIM-Studie (2006) Kinder und Medien. Computer und Internet. Basisuntersuchung zum Medienumgang 6- bis 13-Jähriger in Deutschland. Herausgeber: Medienpädagogischer Forschungsverbund Südwest

51 KIM-Studie (2002) PC und Internet. Basisstudie zum Medienumgang 6- bis 13-Jähriger in Deutschland. Herausgeber: Medienpädagogischer Forschungsverbund Südwest

52 Koletzko B, Irene C, Thomas BJ for the Perinatal Lipid Intake Working Group (2007) Dietary Fat Intakes For Pregnant And Lactating Women. Abstract, präsentiert anlässlich des Internationalen Pädiatriekongresses, Athen, 29. August 2007

53 Konofal E et al (2004) Iron deficiency in children with attention deficit hyperactivity disorder. Arch Pediatr Adolesc Med 158(12): 1113-5

54 Konofal E et al (2008) Effects of iron supplementation on attention deficit hyperactivity disorder in children. Pediatric Neurology, 38(1): 20-6

55 Korte, Martin (2009) Wie Kinder heute lernen. München

56 Kozielec T et al (1997) Assessment of magnesium levels in children with attention deficit hyperactivity disorder (ADHD). Magnes Res 10(2): 143-8

57 Kramer AF, Erickson KI, Colcombe SJ (2006) Exercise, cognition, and the aging brain. J Appl Physiol 101(4): p. 1237–1242

58 Kristensen P, Bjerkedal T (2007) Explaining the Relation Between Birth Order and Intelligence. Science 316 (5832) 1717

59 Kubesch, S (2002) Sportunterricht: Training für Körper und Geist. Nervenheilkunde 21:478-90

60 Lessmann V, Gottmann K, Malcangio M (2003) Neurotrophin secretion: current facts and future prospects. Prog Neurobiol 69(5): p. 341-74

61 Lehnen-Beyel I (2005) Zink macht Jugendliche geistig fit. Bild der Wissenschaft, 5.4.2005 www.wissenschaft.de

62 Lehrl S (2005) Mentales Erfolgstraining. München

63 Liebertz CH (2004) Sitzen – nein danke! Gehirn & Geist, 7:70–73

64 Linnarsson S, Bjorklund A, Ernfors P (1997) Learning deficit in BDNF mutant mice. Eur J Neurosci 9(12): p. 2581-7

65 Louwmann MW et al (2000) Signs of impaired cognitive function in adolescents with marginal cobalamin status. AM J Clin Nutr. 72(3): 762-9

66 Lynn R (1993) Nutrition and intelligence. In: Vernon, P. A. (Ed.). The biological basis of intelligence. Norwood: Ablex, 243–258

67 Maquet et al. (2000) in: Kalat JE (2004) Die REM-Effekte – Schlafentzug. Biological psychology. Wakefulness and Sleep. Kapitel 9. Verlag Belmont Calif.

68 Mensink GBM, Heseker H, Richter A, Stahl A, Vohmann C, Fischer J, Kohler S, Six J (2007) Forschungsbericht – Ernährungsstudie als KiGGS-Modul (EsKiMo).

In: Robert Koch-Institut, Universität Paderborn, Berlin, Paderborn, p 1–137

69 Mikronährstoffversorgung und ADHS www.adhs-ernaehrung.com

70 Mohn N (2009) Intelligenzforscher gibt Tipps zum Thema geistige Fitness und erfolgreiches Lernen. Nürtinger Zeitung 12.05.2009

71 Murphy JM (1998) The relationship of school breakfast to psychological and academic functioning. Arch Pediatr Adolesc Med 152: 899–907

72 Myrtek M (2006) Folgen des Fernsehens bei Kindern und Jugendlichen. Das Familienhandbuch des Staatsinstituts für Frühpädagogik (IFP), München, URL: www.familienhandbuch.de/cmain/f_Ak tuelles/a_Kindliche_Entwicklung/s_742. html

73 Myrtek M, Scharff C (2000) Fernsehen, Schule und Verhalten. Untersuchungen zur emotionalen Beanspruchung von Schülern. Bern: Huber

74 Nägler K, Mauch DH, Pfrieger FW (2001) Glia-derived signals induce synapse formation in neurones of the rat central nervous system. J Physiol 533: 665–679

75 Nilsson A: Effects of Indigestible Carbohydrates and GI of Cereal Products on Glucose Metabolism, Satiety and Cognitive Function in Healthy Subjects; Emphasising mechanisms for glycaemic regulation at the acute, second and third meal. Dissertation Universität Lund, 2007

76 Paavonen EJ, Pennonen M, Roine M, Valkonen S, LahikainenAR (2006) TV Exposure Associated with Sleep Disturbances in 5-to 6-Year old Children. J Sleep Res 15, 154–161

77 Pagani LS, Fitzpatrick C, Barnett TA, Dubow E (2010) Prospective Associations Between Early Childhood Television Exposure and Academic, Psychosocial, and Physical Well-being by Middle Childhood. Arch Pediatr Adolesc Med 164(5):425–431

78 Pearce JC (2004) Biologie der Transzendenz – Neurobiologische Grundlagen für die harmonische Entfaltung des Menschen. Freiburg

79 Penland JG, Lukaski HC, Gray JS (2005) Zinc Affects Cognition and Psychosocial Function of Middle-School Children. Federation of American Societies for Experimental Biology Journal 19(5):a973

80 Pfeiffer Ch, Mößle T, Kleimann M, Rehbein F (2007) Die PISA-Verlierer – Opfer ihres Medienkonsums. Eine Analyse auf der Basis verschiedener empirischer Untersuchungen. Kriminologisches Forschungsinstitut Niedersachsen e. V. (KFN), Hannover

81 Plihal W, Born J (1997) Effects of early and late nocturnal sleep on declarative and procedural memory. Journal of Cognitive Neuroscience, 9, 534–547

82 Rasch B, Büchel C, Gais S, Born J (2007) Odor Cues During Slow-Wave Sleep Prompt Declarative Memory Consolidation. Science 315; S. 1426

83 Rasch B, Pommer J, Diekelmann S, Born J (2008) Pharmacological REM sleep suppression paradoxically improves rather

than impairs skill memory. Nature Neuroscience Advance Online Publication, published online on 5th October

84 Rampersaud GC, Pereira MA, Girard BL, Adams J, Metzl JD (2005) Breakfast habits, nutritional status, body weight, and academic performance in children and adolescents. Journal of the American Dietetic Association. 105(5):743-60

85 Reddig H (2010) TV total – Medienkonsum als Handicap. Familie und Leben. FZ

86 Rehnert L (2010) Ein striktes Entweder-Oder gibt es nicht. FZ 30.3.2010, S. 8

87 Richardson A J, Montgomery P (2005) The Oxford-Durham-study: a randomized, controlled trial of dietary supplementation with fatty acids in children with developmental coordination disorder. Pediatrics 115: 1360–1366

88 RKI Robert Koch Institut Hg. (2008) Lebensphasenspezifische Gesundheit von Kindern und Jugendlichen in Deutschland. Ergebnisse des Nationalen Kinder- und Jugendgesundheitssurveys (KIGGS). Berlin

89 Ryan A S (2008) Assessing the Effect of Docosahexaenoic Acid on Cognitive Functions in Healthy, Preschool Children: A Randomized, Placebo-Controlled, Double-blind Study. Clin Pediatrics 47 (4): 355–362

90 Sadeh A, Dahl RE, Shahar G, Rosenblat-Stein S (2009) Sleep and the transition to adolescence: a longitudinal study. SLEEP 32(12):1602–1609

91 Schmidt M (2006) Besser lernen mit Duft. Sueddeutsche.de, 25.9.2006

92 Schmitz J, Lehrl S et al (2003) Einfluss von Dehydratation auf die kognitive Leistungsfähigkeit im Rahmen der Rosbacher Trinkstudie (RTS) 1–4. 40. Wissenschaftlicher Kongress der Deutschen Gesellschaft für Ernährung e. V. in Potsdam 2003

93 Siefer W, Miltner F, Pratschko M (2007) Laufen fürs Merken. Focus Nr. 34

94 Sinn N, Bryan J (2007) Effect of supplementation with polyunsaturated fatty acids and micronutrients on learning and behavior problems associated with child ADHD. Journal of developmental and behavioral pediatrics: JDBP 28 (2): 82–91

95 Schoenthaler SJ, Doraz WE, Wakefield JA (1986) The impact of low food additive and sucrose diet on academic performance in 803 New York City public schools. Int J Biosoc Res 8, 185–195

96 Souci-Fachmann-Kraut (2008) Die Zusammensetzung der Lebensmittel – Nährwert Tabellen. 7. revidierte und ergänzte Aufl. Wiss. Verlagsgesellschaft, Stuttgart, Ernährungs-Informations-System der Uni Hohenheim, 2005

97 Spinath FM, Angleitner A, Borkenau P, Riemann R, Wolf H (2002) German Observational Study of Adult Twins (GOSAT): A Multimodal Investigation of Personality, Temperament and Cognitive Ability. Twin Research 5(5):372–375

98 Spitzer M (2006) Lernen: Gehirnforschung und die Schule des Lebens. Heidelberg

99 Starobrat-Hermelin B, Kozielec T (1997) The effects of magnesium physiological

supplementation on hyperactivity in children with attention deficit hyperactivity disorder (ADHD). Positive response to magnesium oral loading test; Magnes Res 10(2): 149-56

100 Stephard RJ (1997) Curricular physical activity and academic performance. Pediatric Exercise Science 9, S. 113–126

101 Stickgold R, Walker MP (2005) Memory consolidation and reconsolidation: what is the role of sleep? TRENDS in Neurosciences 28:408–415

102 Stickgold R, James L, Hobson JA (2000) aus: Kalat, J.E. 2004. Die REM-Effekte – Schlafentzug. Biological psychology. Wakefulness and Sleep. Kapitel 9. Belmont, Calif.

103 Stiftung Kindergesundheit: Neues über die wertvollen Fette für Mütter und Babys. Newsletter Januar 2010. www.kindergesundheit.de/newsletter-01-2010.html

104 Souci-Fachmann-Kraut (2008): Die Zusammensetzung der Lebensmittel – Nährwert- Tabellen. 7. revidierte und ergänzte Aufl. Wiss. Verlagsgesellschaft, Stuttgart

105 Sulloway F J (2007) Birth Order and Intelligence. 316; 1711 – 1712

106 Textor M R (2006) Gehirnentwicklung bei Babys und Kleinkindern – Konsequenzen für die Familienerziehung. www.familienhandbuch.de

107 Uni-Protokolle (2000) Frankfurter Musikwissenschaftler stellt Ergebnisse einer Langzeitstudie vor. Johann-Wolfgang-Goethe-Universität Frankfurt (Main) URL: www.uni-protokolle.de/nachrichten/id/57860/

108 Vogel R, Eichenberger T, Stuppan S, Keusch B (2007) Schlaf & Lernen. Impulsstudien PHZ Luzern. www.vitacco.ch/S-H.pdf

109 Wagner G, Schröder U et al (1996) Empfehlungen der Flüssigkeitszufuhr in Abhängigkeit von Alter, Geschlecht, Beruf und Lebenssituation. Akt Ernähr Sonderheft 1, 14–21

110 Wabner D, Jellinek S, Meyer A (2008) The use of natural fragrances in daily school routine. The International Journal of Essential Oil Therapeutics 2, in preparation

111 Wahlstrom K (2002) Changing times: Findings from the first longitudinal study of later high school start times. NASSP Bulletin, 86(633), 3–21

112 Walker MP et al (2003) Sleep and the time course of motor skill learning. Learn. Mem. 10, 275–284

113 Wanner C (2009) Musikalische Früherziehung als Nervenwachstumsfaktor. NMZ 7/8; S 49

114 Wilkinson I, Scholey A, Wesnes K (2002) Chewing gum selectively improves aspects of memory in healthy volunteers. Appetite 38 (3): 235–236

115 Wilson MA, McNaughton BL (1994) Reactivation of hippocampal ensemble memories during sleep episodes. Science, 265, 676–679

116 Winterstein P, Jungwirth RJ (2006) Medienkonsum und Passivrauchen bei Vorschulkindern: Risikofaktoren für die

kognitive Entwicklung? Kinder- und Jugendarzt 37(4): 205-11

117 Wolfradt U (2006) Schlafverhalten, Lebenszufriedenheit und wahrgenommener Leistungsstress in der Schule. Psychologie in Erziehung und Unterricht, 53, 12–21

118 Wolfson AR et al (2003) Understanding adolescents sleep patterns and school performance. A critical appraisal. Sleep medicine reviews(6), 491–506

119 Zimmer R (1980) Der Einfluß des Sports auf die Persönlichkeitsentwicklung von Kindern im Vorschulalter. Eine experimentelle Untersuchung über den Zusammenhang motorischer, kognitiver, affektiver und sozialer Variablen. Phil. Diss. Osnabrück

120 Zimmer R (2002) Toben macht schlau. In: Die ZEIT, 15

121 Zinnecker J, Behnken I, Maschke S, Stecher L (2002) Null zoff – voll busy. Die erste Jugendgeneration des neuen Jahrhunderts. Opladen: Leske + Budrich

Bildquellen